アルティメットフォアフット走法

56歳のサブスリー！　エイジシュートへの挑戦

みやすのんき

■まえがき

今までランニングの実用書として『走れ！　マンガ家ひぃこらサブスリー』『「大転子ランニング」で走れ！　マンガ家　53歳でもサブスリー』『サブスリー漫画家　激走　山へ！』（いずれも実業之日本社）、『誰も教えてくれなかったマラソンフォームの基本〜遅く走り始めた人ほど大切な60のコツ』（カンゼン）、そしてウォーキングの実用書として『ランナーが知っておくべき歩き方』（彩図社→実業之日本社）を出させていただきました。これらに効率よく疲れないで長く速く歩ける方法、走る方法の基本をわかりやすくまとめてあります。

今回の本は私の56歳のマラソンの挑戦としてエイジシュート（＝サブスリーを果たした市民ランナーの目標。自分の年齢より速くゴールすること。例えば35歳なら2時間35分。45歳なら2時間45分）を目指すことにしました。ギリギリでサブスリーを達成するような本を作るより、さらなる高みを目指します。「1歳年を取るごとに1分30秒ずつ遅くなる」といわれる加齢に抗い、自己ベストを出すという目標を掲げました。私の場合、2時間56分を切ることです。57分や58分など今までに出した数字ではなく、進化した姿を見せなくてはまた新たに本を出すのはどうかと思ってもいたからです。

一方で5冊もマラソンやウォーキングに関しての実用書を出版させてもらったわけです

が、さすがに同じようなことを書いても飽きられるのではないかと考え、読者の皆さんに新しい興味要素を提案したいなと思いました。閃いたのは自分の走りを完全なフォアフット走法に変えてみようということでした。自らの身体を実験台にしてランニングフォームを改良して、フルマラソンに挑戦して結果を出し、自己ベストを更新してフォアフット走法の指針となるガイドブックを作ろうと思ったのです。

今まで出版した本は踵（ヒール）着地、ミッドフット（フラット）着地、前足部（フォアフット）着地に対しては答えを出していませんでした。それはあくまで万人向けに書いた本だからです。ランニングフォームの基本と銘打って、いきなり「フォアフット着地にしなさい、踵着地は間違っています」というのはあまりにも無理があると思いました。ほんのちょっとの着地動作のズレでフォアフットにもフラットにもヒールストライクにもなりえます。実際、世界くまなく多くのランナーは踵着地であり、それはケニア人のプロ選手にもたくさんいます。フォアフット着地だからスピードが速くなり怪我をしない、踵着地だから遅くて怪我をする、そういった単純なものではないのです。しかしフォアフット走法は市民ランナーにとって魅力的に映ります。

フォアフット走法はケニア人が子供の頃から裸足で、通学路である長距離の土道を学校に走って通うことで自然に身につくといわれ、前足部で着地するランニングエコノミーに特化した走法とされています。日本人は舗装路を子供の頃からシューズを履いて過ごします。いわば足は過保護のまま育っていってしまうのです。以前は足袋や草鞋などもありましたが西洋文化が入ってきて子供はほぼ足を覆う靴を履き、足の多くの自然な動作を眠らせるようにして歩くようになってしまうために、フォアフット走法を体得するのは難しいだろうといわれてきました。

フルマラソンの世界記録保持者エリウド・キプチョゲ選手をはじめフォアフットランナーは世界じゅうに増えています。日本人の大迫傑選手が２０１７年の福岡国際マラソンで踵を全く着けないでフルマラソンの42・１９５㎞を走りきった衝撃は大きかったと思います。「こんな選手が日本人にも現れたのか！」。彼ほど明確ではありませんが設楽悠太選手、井上大仁選手、服部勇馬選手もフォアフット走法でほとんど踵に重心はありません。日本人選手に無理なんてことはなかったのです。もっとも彼らには子供の頃から陸上競技に親しんできたというアドバンテージがあります。

それを子供の頃から走るのがそもそも苦手で、地面を裸足で走ったこともない、陸上競技の経験も全くない、還暦も間近の56歳のマンガ家おっさんランナーがフォアフット走法を体得できるのか、それも自分の中で興味がありました。この私ができるということは中高年含めて多くの日本人ランナーにもできるということです。ランニングフォームが崩れて失敗に終わるかもしれないという不安は当然ありました。でもダメだったらそれはそれでいいのです。私にとってマラソンは自分の身体の限界を試す趣味であって、家族や仕事など何らかの犠牲や我慢の元にやり続けなくてはいけないものでもないのですから。しかし成功したらとてつもなく面白い本になると思いました。

結果として私にとってフォアフット走法への改良は大成功となりました。怪我や故障に陥ることなく大幅に練習量を増やすことができるようになり、第38回つくばマラソンにて4年連続でサブスリーを無事達成、加齢に抗って2時間53分と自己ベストを更新できました。今ではこれから陸上を始める少年少女、中高校生、大学生はもちろん、筋力や身体のバランス感覚が低下した中高年ランナーにこそフォアフット走法をお勧めしたいと心から感じています。「ケニア人の真似しろ？　そんなもの自分には無理」。そう最初から否定的に考えてしまう方がむしろ問題ではないかと思います。

とはいえ真っ当な練習体系、真っ当なランニングフォームの意識を得るためには今までの私の本を読まれた方がいいかもしれません。初心者は意識すべきことは他にたくさんあります。最初にちゃんと書いておきます。これから説明するフォアフット走法はランニングの基本ができていない人には大ヤケドで終わるかもしれない代物です。大迫傑選手の踵を着けないフォアフット走法を見よう見まねで走ってどれだけのランナーがふくらはぎを故障したか。やるからにはきちんとやるべきランニングの基本を守りましょう。

しかしフォアフットの走り方を身につければ確実に速くなります。そして故障をかなり防げるようになります。3万円近くのナイキの厚底シューズの「4%」どころか、15分の1以下の価格である本書の代金で10%以上（当社比……笑）のランニングエコノミーの向上を図ることができるでしょう。願わくば読んでいただいたランナーの皆さんがサブスリー祭り、そして自己ベスト祭りになるといいなと思います。さぁ、アルティメットフォアフット走法の禁断と甘い陶酔の世界に踏み込むのはアナタ次第です！

本書はフォアフット走法の説明においてナイキのヴェイパーフライ4%、そして次世代のヴェイパーフライNEXT%という今までになかったタイプのシューズの記述が多く登場します。こちらのシューズに関しては周りのヴェイパーフライ4%を持つランナーの皆さんの感想を加味して、あくまで私独自の解釈と見解を元に書いております。ゆえにナイキの公式の見解でも何でもないことをご承知おきください。

またケニアやエチオピアなど多くのアフリカ人選手は以前履いていたシューズから元々フォアフット走法でした。ですのでシューズには関係なくフォアフット走法を取り入れることは可能です。ナイキの厚底シューズを入手しなくてはフォアフット走法になれないのだとは考えないでください。私にフォアフット走法の閃きが来たのはヴェイパーフライ4

%どころか、柔らかいマットを靴下で走ったあとに、使い古しのアディゼロジャパンでコンクリートをゆっくり走った時なのですから（後述）。

私の肩書きは一応マンガ家ですが、本書にはマンガは一つとしてありません。さらに本書には普通のランニング指導書にも出てこないような専門用語も多く登場します。学術論文からの引用も多いです。なるべくわかりやすい表現を心がけておりますが、これまでの私の本に詳しく書いている用語に関しては重複説明を避けるためにも簡素にまとめている場合があります。理解しにくい専門用語に関してはネットなどで検索していただくか、前著を併せてお読みいただけると幸いです。

みやすのんき

CONTENTS

第3章 噂の厚底シューズ、ヴェイパーフライ4%の出現

第4章 フォアフット走法の前駆段階、閃きの前スライド走法

第5章 フォアフット走法をマスターせよ（走動作編）

第6章 フォアフット走法をマスターせよ（足裏編）

第7章 ヴェイパーフライ４％から探る足本来の動き

第8章 フォアフット走法になるヒント満載の練習法

第9章 56歳のサブスリーに向けての練習体系の改善

今まで履いてきたシューズの変遷と苦悩

第1章

のっけから恐縮ですが簡単な物理のお話から

ランニングシューズにまつわる基本概念として少しだけ説明させてください。

ある物体Aをある壁Bに垂直に10m※／sの速さでぶつけて8m／sの速さで戻ってきたとします。この物体Aとこの壁Bの組み合わせでは、10：8の比率の速さで戻ってくるということです。この比率を反発係数（はねかえり係数）といいます。物体と壁それぞれの組み合わせでこの数値は変わります。

なお10m／sの速さで物体を壁や床にぶつけた時、それが11m／sになって跳ね返ってくることはありません。よく弾むゴムボールを硬い床に落としても戻ってくるのは落とした時のエネルギーより下がり、必ず落とした位置より低い位置までしか跳ね返りません。

壁に粘土を叩きつけてもグニャッと壁にくっついたままになる。もしくは硬い球を粘土の壁にぶつけても埋まり込んで戻ってこない。これは反発係数がほぼ0に等しいということです。ランニングシューズに置き換えると、柔らかいクッション素材があると着地衝撃を吸収して沈み込みますが、反発も弱くなります。そして安定性が低くなりがちです。低反発枕を頭に思い浮かべるとよいでしょう。

ランニングシューズは軽量な上でクッション性、安定性、反発性などが求められますが、

※m/s……メートル毎秒。1秒間に1m進む速さ。

それはすべて相反します。クッションを効かせようとすると反発性は失われる傾向があり、反発を強めると物体は硬くなる傾向がありクッション性は失われます。そしてそれらをシューズに求めると重たくなっていきます。

またランニングシューズの靴底は地面と基本的に接しないでクッショニングや反発を担当するミッドソールと、地面と接して耐摩耗や反発を担うアウトソールに分かれます。さらに側面やミッドソールの内部に安定性を確保するために硬めの素材で補強している場合もあります。現行のランニングシューズはそれらの組み合わせによってクッション性、安定性、反発性のどれを重視したものかに分かれます。ですが大まかにいうと靴底が分厚くなればなるほどクッション性は上がり、薄くなるほど軽量で反発性、安定性は増す傾向にあります。

初心者向けのシューズは足の痛みを増やす結果に？

私が初めてフルマラソンを走った時は何の知識もなく近所のスーパーで買った980円かそこらの運動靴で走りました。スポンジのようなグニャグニャのアウトソールでクッション性がよさそうという理由からでした。フルマラソンなんて途方もない距離を前にして「足裏が痛くなるのは嫌だなぁ」と思っていたからです。反発なんて気にしません。どっちみち速く走れないのはわかっていたし、地面の反力をもらうという概念なんて一切なし。歩幅＝ストライドで、実際ハーフまで3時間掛かり、半分の距離は歩きました。制限時間の7時間を超えて見事失格。走り方も悪かったのでしょう。最後は両足裏の激痛と膝を痛めて足を引きずるようになり、シューズは踵部分がボロボロ、斜めに削れて短い寿命を終えました。

ひどい目にあった1回目のマラソンの経験を活かし、やっぱり「マラソンはランニングシューズを履かなくてはダメなんだ！」と気づきました（←当たり前）。分厚い靴底の初心者用といわれているランニングシューズをスポーツ用品店で店員さんに勧められるがまま購入しました。踵部分に半透明のゲルが封入されており、いかにもクッションがありそうです。「さぁ、準備万端！明日から背中に羽が生えたようにポンポンと軽く走れるランニングライフが始まるんだ！」と思いきや、履いて走ってみた感想は「え……、これって重たくて走りにくい」。そう、最初にスーパーで買った格安の運動靴よりあれこれ機能は謳われていましたが、そのせいなのかかえって重たかったのです。

重たくて気持ちよく走れないけど、買ってしまったものはしょうがありません。「履き潰すか」と2〜3日に1回走り出しました。すると徐々にアキレス腱や踵に痛みが出てきたのです。「こんなに足の保護を謳った分厚いクッションのあるシューズを履いているのだ、痛みなんて起きるはずはない」と信じて疑わなかった私は痛みを我慢して履き続けました。そんな時にたまたまソールの薄いシューズを履いて走ってみたら感じていた痛みが途端に引いたのです。しかし確信はありませんでした。着地衝撃も強いのでやはり初心者用の分厚いシューズの方がいいだろうと履き直すと、また同じ痛みが襲ってきました。そして日ごとに痛みは強くなっていきました。「やっぱりこの分厚いシューズが原因か……」。私は確信しました。アキレス腱痛や踵、ふくらはぎ付近にしょっちゅう痛みを抱えているランナーも多いと思います。私も初心者の頃にずいぶんと悩まされました。

踵の着地保護のためにヒールはどんどん分厚くなり踵着地を助長する

ランニングシューズにおいて「ドロップ」や「オフセット」は、踵の厚みと前足部（母指球～小指球ライン）の厚みの高低差を表す語句です。ゼロドロップとは前後のソールに差がないもの。いわば踵の厚みを出していないシューズで上級者向けにラインアップされています。初心者モデルといわれるシューズは入門モデルとして価格帯も下げなくてはいけないためにあまりいい素材は選べません。つまりクッション性と剛性、安定性、反発力、耐久性、これらを謳えば謳うほどシューズの踵部分はどんどん重たく分厚く鈍重なものになっていってしまうのです。重たいシューズで振り出された足はフラット気味に着地しようとしても過保護に作られた分厚いヒールの高低差のために踵着地を助長し、なおいっそう踵着地の人が増えるという構図になります。その分クッションがあるから問題ない？ところが大アリなんです。実は分厚いヒールはランナーの踵やアキレス腱などを着地から守ってくれるわけではないのです。

クッション性を追求すると減りやすいヒールになるし、着地時にブレが起きやすくアキレス腱や踵がぐらついて故障を引き起こす原因になります。剛性のしっかりしたものにすると重たくなって、シューズに足が振られて着地衝撃は結局吸収し切れなくなってしまいます。シューズメーカーは耐久性を気にしてか、アウトソールには削れにくい硬いゴムをレイアウトしがちです。削れにくい＝重たく、硬いと考えてよいと思います。

さらに着地するとエアやらゲルやら柔らかいミッドソールがグラグラして踵のブレを助長する悪循環。もちろん初心者ゆえのランニングフォームの悪さに起因する部分も大きいでしょう。しかし初心者向けと謳うならそこも考えるべきではないでしょうか。ランニングシューズは初心者向けのものもおそらくメーカー契約のかなり速いランナーの試走から意見、感想をもらいフィードバックして開発されていると推察されます。接地時間が長く、ブレて踵の角から着地するような初心者ランナーからの声が届いているようには思えません。分厚い踵のクッションも接地が上手く、ちゃんときれいに真上から着地できる上級ランナーなら、ミッドソールのクッション性とアウトソールの反発をちゃんと活かすことができると思います。しかし初心者はピンポイントに地面の反力をもらうことができずに、シューズの鈍重さと硬さのみ享受することになっているのではないでしょうか。私はサブスリーランナーになりましたが、いまだに初心者向けのランニングシューズを履きこなせる自信がありません。

私のアキレス腱や踵の痛みは足を守ろうと考えて買った分厚く重たいシューズで踵着地をすることによって引き起こされていたのでした。私が買ったシューズはプロネーション※を防ぐといって土踏まず側に硬いミッドソールを配してましたが、プロネーション自体は誰もが自然に起こるものと後で知りました。私はあれやこれやメリットを謳ったランニングシューズを勧め続けるメーカーに懐疑的になり始めていました。

土の地面を走ると自然に足本来の着地が呼び覚まされる？

「舗装路を走るには自分の足はヤワすぎるわ……」。そう考えた私はその時に話題になっていたトレイルランニングに飛びつきました。土の地面を走ることにより自然な足の着地や挙動を呼び覚ますという宣伝文句によろよろと吸い寄せられました。といっても山に足を運んだわけではありません。代々木公園の土道を繋いで３・３㎞くらいのクロカンコー

※プロネーション……ランニング時に足裏は水平に地面に接地するのではなく、足裏の外側から接地し、内側へ踵が倒れ込む。土踏まずが潰れるようになり着地の衝撃を吸収する。

スがあるのをネットで知り、そこを走るようにしました。最初は木の根っこに足を引っ掛けて転んだりしましたが、徐々に凹凸のある道を走ることにも慣れてきました。そして舗装路ではなく不整地を走ることで、足の局所的な負担の集中がバラけたのか、少しずつアキレス腱やふくらはぎの痛みも和らいできました。といってもこの時は舗装路でキロ6分で走ることすら無理でした。サブスリーという言葉を知ったのもこの頃だったと思います。しかし遥か彼方の夢のまた夢の世界でした。

驚いたのは、土道を走っても私はフォアフット走法にならなかったことです。その頃の私は愚かにも「トレイルランニング＝自然に正しい着地が促されてフォアフット走法になっていくんだろう」くらいに考えていたのです。しかしどれだけクロカンコースを走っても一向に私の着地はヒールストライクのままでした。それはさておき、なだらかなクロカンコースを走ることは平坦な道と下り坂や上り坂を無理なく組み合わせられて自然に体幹や足が鍛えられて、マラソンを走る上での土台作りにはとてもいいと思います。また道の状況が変化するために遅く走っていても色々な刺激が足裏に与えられるために故障しにくい足が作られる印象です。私はその当時、かなりでたらめに走っていたと思いますが、芝生が生えた着地衝撃の少ないなだらかな下り坂でスピードが出せてストライドがひろがったおかげか、自然にかなり大きいランニングフォームが培われたと思います。

本格的なトレイルランニングになると急斜面もある山へのアタックになるので、登りの局面はほぼ歩きになったり、下りはバランスを取ったり、バックパックを背負った独特のフォームに変わります。マラソンの走りとは違う動きになるので、フルマラソンへの効果は限定的ですが、自分の住まいの近くにある程度のスピードを出せるなだらかなクロカンコースがあると練習の幅も大きくひろがると思います。

シューズの重さと足の保護は果たして見合う価値があるのか

今まで履いてきた安定性がある初心者用シューズはどれも足を保護するまでの機能はなく、どちらかというと重さのデメリットだけが目立つ代物だったと言っていいかもしれません。さてシューズの重さはどれだけ走ることに影響するのか、これについては興味深い研究データがあります。シューズの重さが１００ｇ上がると酸素消費量に１％の上昇がみられるというのです。１５０ｇのシューズと比べ、３００ｇのシューズはランナーの酸素消費量に約１・５％の上昇がみられ、さらに４５０ｇのシューズだと約３％の上昇になりました。走るために必要なエネルギー消費が上昇するということです。クッション性？　安定性？　反発性？　履き心地？　そんなので足の先端部分が重たくなるのなら、まずは軽量のシューズを履くことがマラソンの記録を向上させる近道であることは明白です。

※The effort of shoe weight on the aerobic demands of running/
E.C.Frederick,J.T.Daniels,J.W.Hayes

裸足系シューズと裸足は同じなのか？

そこである疑問が湧いてくるでしょう。「だったら何も履かずに裸足で走るのが一番軽いんだから一番速いのでは？」。私も裸足で走ることは以前から興味がありましたが、残念ながら一番速くはなりません。実は裸足で走ると酸素消費量が上昇してしまいます。つまりランニングエコノミーが下がります。興味深いことに何と400gのシューズを履いて走った時とおおよそ同じなのです。やはり裸足で走る場合、舗装路の着地衝撃がダイレクトに伝わって、筋損傷を容易に引き起こしてしまい、特に長距離走では不利に働くと考えられます。また競走馬に鉄の蹄を装着するように、人間もまた足裏に剛性があるプレートが装着されると蹴り出しやすく速くなります。

私は裸足ではアスファルト路面を走る気にもなりませんでした。かといって管理された芝生や土道は都会では少ない上に犬の糞やガラスなど何が混ざっているかわからず危険すぎます。そこで一時期流行った五本指のベアフット、足袋やサンダルなど裸足系シューズも色々と履いてみました。それは期待を膨らませて。今度こそ自然な着地動作、そして正しいランニングフォームに導かれると期待していたのです。裸足系シューズを履いたらすぐにフォアフット着地になって気持ちよく走れるんだろうと思っていましたが、結局、いずれを履いても踵着地のままでした。

「なんじゃ? こりゃ!? 全然気持ちよくないし、着地衝撃もすごいし、そもそも遅い!」

足裏はくすぐられると我慢できないほど感受性が高く、地面の変化を見逃しませんが、薄いといえども覆われると足裏センサーは途端に怠け始めるようです。そして裸足系シューズは概してアッパーソールの剛性が弱く、靴の中で足がブレやすいです。マメを作らないためには足の自然な動きを制限せざるを得ないものがほとんどでした。

結論としては、それら裸足、もしくは裸足系シューズといわれるものが自然な着地を促し、フォアフットになって人間本来のランニングフォームを思い出させるというのは単なる幻想に過ぎないことがよ~くわかりました。それどころか着地衝撃や足のマメを避けるためにかえって小さいペタペタしたランニングフォームになっていく可能性も高いと思います。シューズメーカーの宣伝戦略にまたしてもヤラれました。

軽量シューズはタイムを出すためのものと割り切ったが

結局、私は普段の練習はHOKA ONE ONEの厚底シューズ、マラソンのレース本番はアシックスのターサージールという薄底のランニングシューズを使用することに落ち着きました。HOKA ONE ONEは2009年にフランスのアネシーで発祥した新興のシュー

HOKA ONE ONE ボンダイB

(写真：HOKA ONE ONE WEBサイトより)

ズブランドです。日本の代理店には変遷があり、現在の輸入元デッカーズジャパンの元であっという間にメジャーな存在となりましたが、以前は知る人ぞ知るシューズでした。おそらく日本においてその存在を知らしめたのは2010年の日本山岳耐久レース、通称ハセツネCUPにおいてHOKA ONE ONEを履く3人の外国人選手が出場し、優勝、準優勝を独占したことです。残りの一人は何とHOKA ONE ONEの創始者の一人、ニコラ・マーモッド氏自ら走って15位。一部のトレンドに敏感なランナーによりトレイルランニングから火が着きました。こんな厚底であの不整地を走れるのだろうか?路面の感覚は頼りないものになるのではないか。足首を捻挫しやすいのではないか。様々な憶測が流れていましたが、私は知り合いから譲り受ける形で履くようになり、そのクッション性と高い反発力に感銘を受けたものです。アッパーソールが硬く足型によってマメはできやすい印象ではありますが、その分厚い靴底は見た目より軽さもあり、一時期は練習でかなりの頻度で使用していました。でもやはりヒールのぐらつきはあり、踵やアキレス腱はよく痛くなっていました。

アシックスのターサージールシリーズはもうフルマラソンの中上級者には定番中の定番と言っていいでしょう。なんといっても軽量でヒールカウンターがとてもしっかりしており、私の足にはピッタリはまってくれるいい相棒です。レース当日に新品のシューズをおろしたとしても問題なし。爪を黒くしてしまったこともなく、柔らかいがしっかりとホールドしてくれるアッパーソールはストレスフリーでした。

しかしやはり軽量薄底シューズの宿命である着地衝撃は強く、レース前の練習で軽く慣らしをして本番に履くくらいで、普段のジョグから使う気にはなれなかったので

アシックス　ターサージール6

ターサージールの名前は「6」までで、2019年夏にターサーエッジに生まれ変わった

す。本番レース後も「いたたた……」という感じで足裏がジンジンするほど痛く、前足部に大きな水膨れができたこともありました。

結局、厚底でも着地衝撃を完全に吸収するものでもなく、踵やアキレス腱のぐらつきは助長します。そして薄底だとそもそも着地衝撃が強いです。その衝撃を弱めるために走りが小さくなりやすく、マラソンの足ができていないランナーにはやはり痛みが出てしまう傾向にあります。一体どんなシューズを履けばいいんだろう。途方に暮れた時期もありました。今となってはシューズのせいというより踵着地で接地動作が悪かったのも大きな理由だったと思います。

自己ベストを狙うランナーはある程度のクッションを備えた、けれどもなるべく薄底の軽量なシューズを履くのが妥当な選択とされていたのです。そう、「軽量のシューズ＝薄底のシューズ」という概念を打ち破るあのシューズが出現するまでは……。

第2章

フォアフット走法とミッドフット走法は別物だった

三つの接地ポジション

この本を手に取られた方はフォアフット走法がどんなものかは一応理解されている方が多いと思いますが、まずは簡単に陸上競技上の概念とされている踵着地（ヒールストライク走法）、ミッドフット着地（フラット走法）、つま先着地（フォアフット走法）の説明をひと通りしたいと思います。基本的な説明ではありますが、今までの私の本にない内容も含まれていますから読み飛ばさないでいただけると幸いです。

踵着地（ヒールストライク走法）

歩く時と同じように踵から着地してつま先側に抜けていく、いわゆる足裏ローリングをさせる走法です。左図のように膝から下を前に投げ出すように着地してしまう走動作です。一般的に人間はその場でジャンプするとつま先から着地します。つまり踵から着地するというのは自分の身体の重心よりかなり前方で着地が行なわれているということになります。踵着地は足への衝撃が大きく急激であることが研究でわかっています。重心の前方に着地するということは進行方向に対してブレーキが掛かっており、それを上回った前進するパワーが余計に必要になります。つまり消費エネルギーが高くなります。膝を曲げずに足を

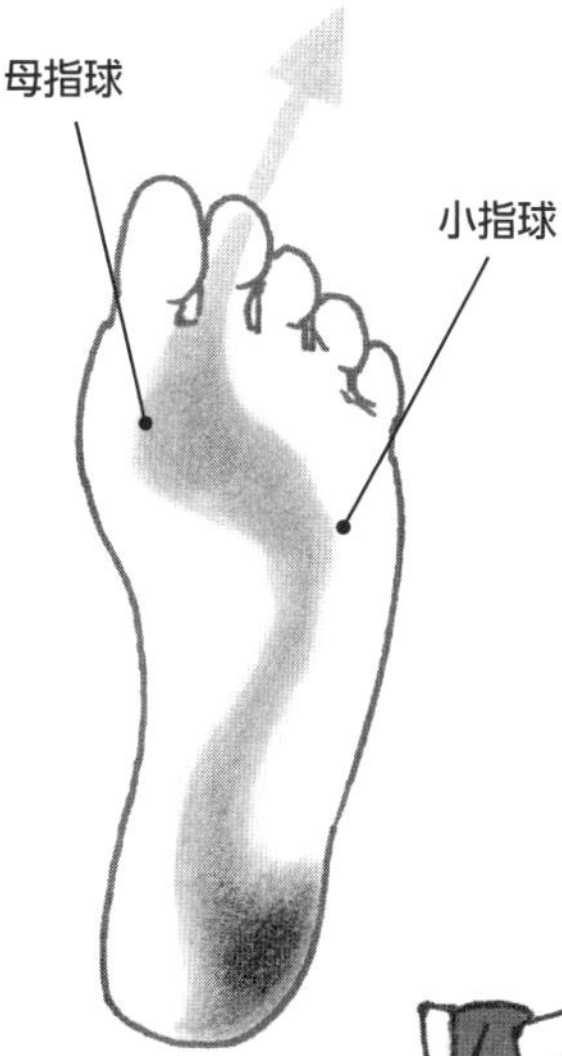

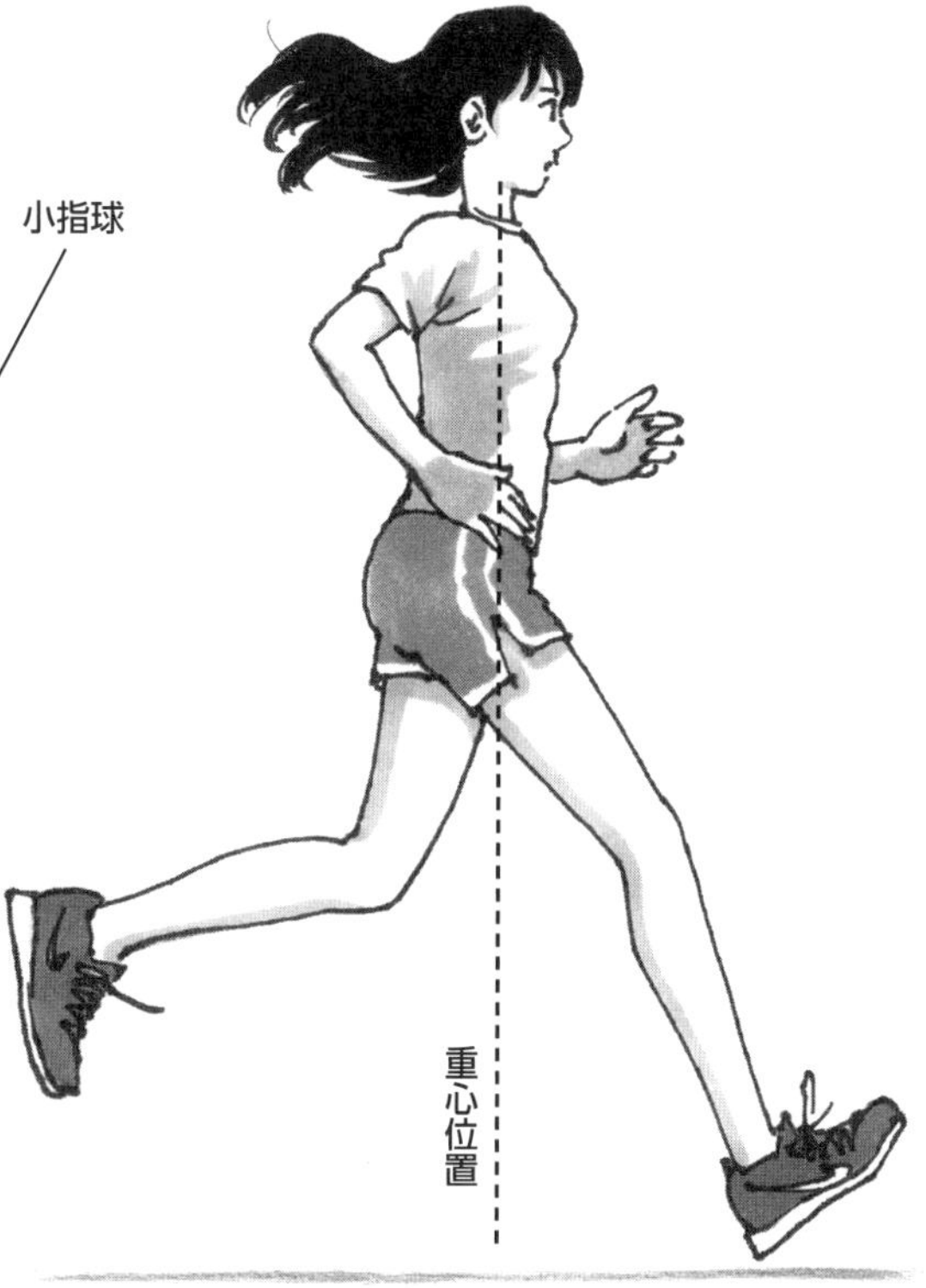

踵着地の
走動作と
足裏の重心移動

まっすぐ気味に着地しがちなのでクッションが効かず、膝や股関節、アキレス腱などに障害を抱える危険性があります。そして着地した地点から重心真下まで足で引っかくように蹴り出さなくてはいけません。タイムロスがあり、ハムストリングスに大きな負荷が掛かることになり、肉離れの危険性も高まります。遊脚が地面に着地する前に振り戻しの局面は皆ありますが、踵着地の人は振り出しの局面が大きく、そして振り戻しが小さいという特性があります。

足を前にひろげて走ることでスピードが速くなると思い込んでいるランナー、また距離を多く踏むことで足に疲労が蓄積してバネがなくなり地を這うような走りになっている中高年ランナーにも多いです。「走る」という動作は両足とも浮いている時間がありますが、極端に踵着地の人は、体重ゆえか足回しのタイミングゆえか、地面反力をうまく受け取れず、腰が落ち気味で着地前の振り戻し局面の余裕が少ない状態になりがちです。

とはいえ長距離走では従来、踵からの着地が推奨されていました。私の本にもよく登場する『リディアードのランニングバイブル』にも「有酸素ランニングは踵から着地する」とされ、「つま先で着地する、いわゆる〝つま先走り〟はしないということだ。足裏全体がほとんど同時に着地するが、といってもわずかに踵が先に着き、心もち足の外側から内側へ足を回転させながら重心をつま先に移動していくという脚の使い方が、有酸素ランニング、あるいは比較的ゆっくり走る無酸素ランニングの場合、最も効率よく自然なのである」と書かれています。

踵着地であったとしても、故障なくスピードにも乗って走ることができている場合は、そのランナーにとって何かしら効率のいい着地ラインやランニングフォームが身についており変えるべきではない場合があります。

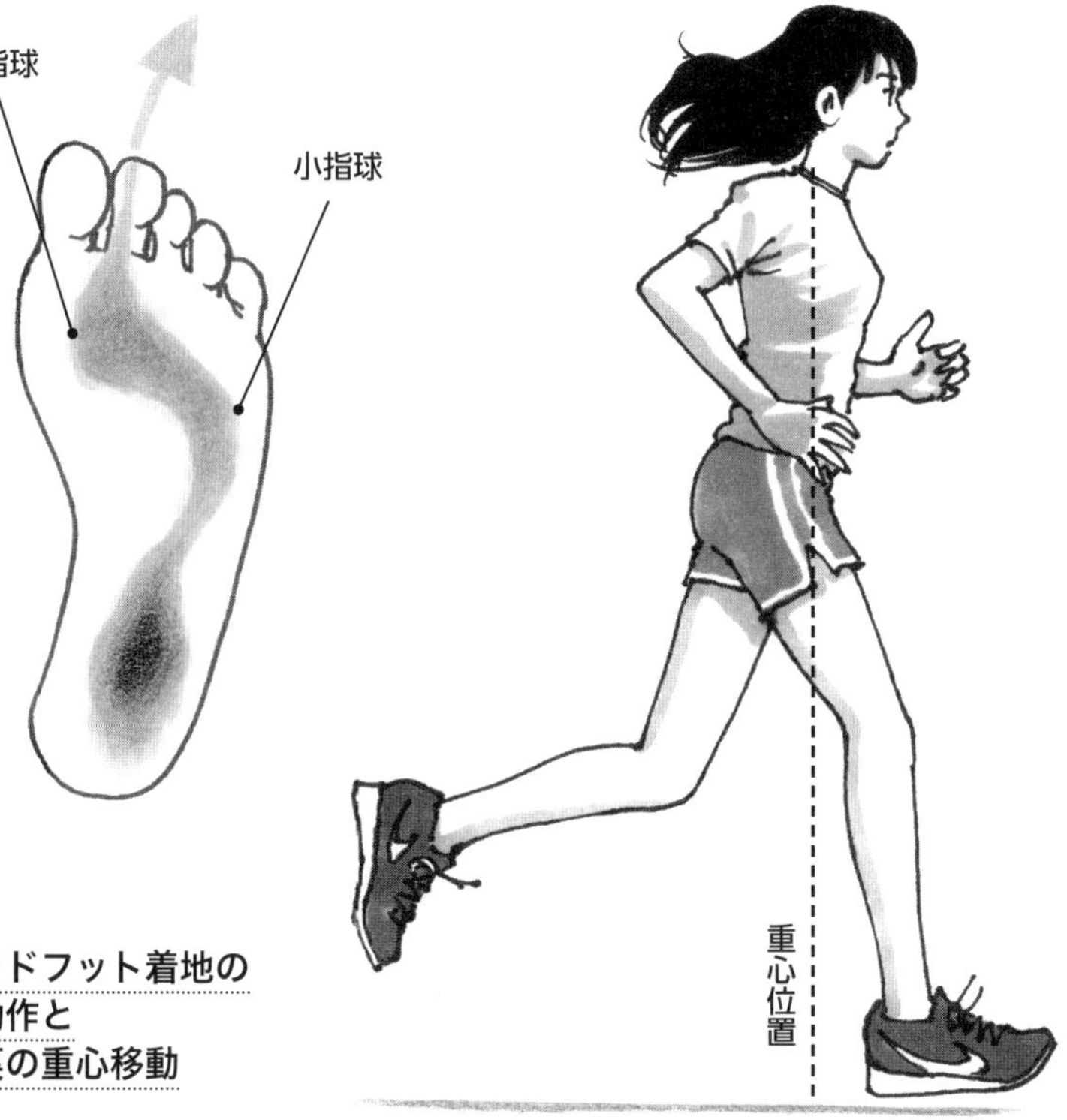

ミッドフット着地の
走動作と
足裏の重心移動

ミッドフット着地（フラット走法）

足裏全体を使って着地する方法です。踵着地に比べ足への負担を軽減し怪我を予防するといわれています。ミッドフット着地は踵着地とほぼ同じ軌道を通ります。上空の振り戻し動作で足が手前に引き戻されてから土踏まずあたりからフラットに着地します。いわゆるタッピング動作でつま先が一度着地前に上がり、地面に着地する時にほぼ水平になって着地します。踵着地、つま先着地に比べて地面を押す方向が真下から後方になり推進力が生まれるとされています。ミッドフット着地は踵着地と膝下の振り出し軌道はほぼ変わらず、脛は後傾する場合も多いのですが、踵着地に比べてタッピング動作がやや早いタイミングで行なわれるランナーが多いです。簡単にいうと着地の最終局面の帳尻合わせがうまいのです。実はミッドフット着地のランナーは意外と多く、踵着地からフラットまである程度の幅を持たせるとおおよその市民ランナーはこの着地です。しかしフルマラソンにおいてはレースも後半になると、疲労によりかなり踵着地に近づいていくランナーも多いです。

つま先着地（フォアフット走法）

つま先からの着地も重心真下よりも前方の着地入力となり、踵着地と同様にブレーキが掛かります。足首からつま先まで緩んでいるために地面を効率的に押す力が発生しません。また踵を上げたまま走るランナーはふくらはぎに過度な力が掛かるために故障しやすいとされています。今まで陸上競技上、最も悪い形とされていました。

前述の『リディアードのランニングバイブル』にも「つま先走りでは、着地時に大きな摩擦が生じやすく、実際には進行方向に対してブレーキをかけながら走っていることになる。これはエネルギーのロスではある。そのうえ、ふくらはぎに不自然な負担がかかるた

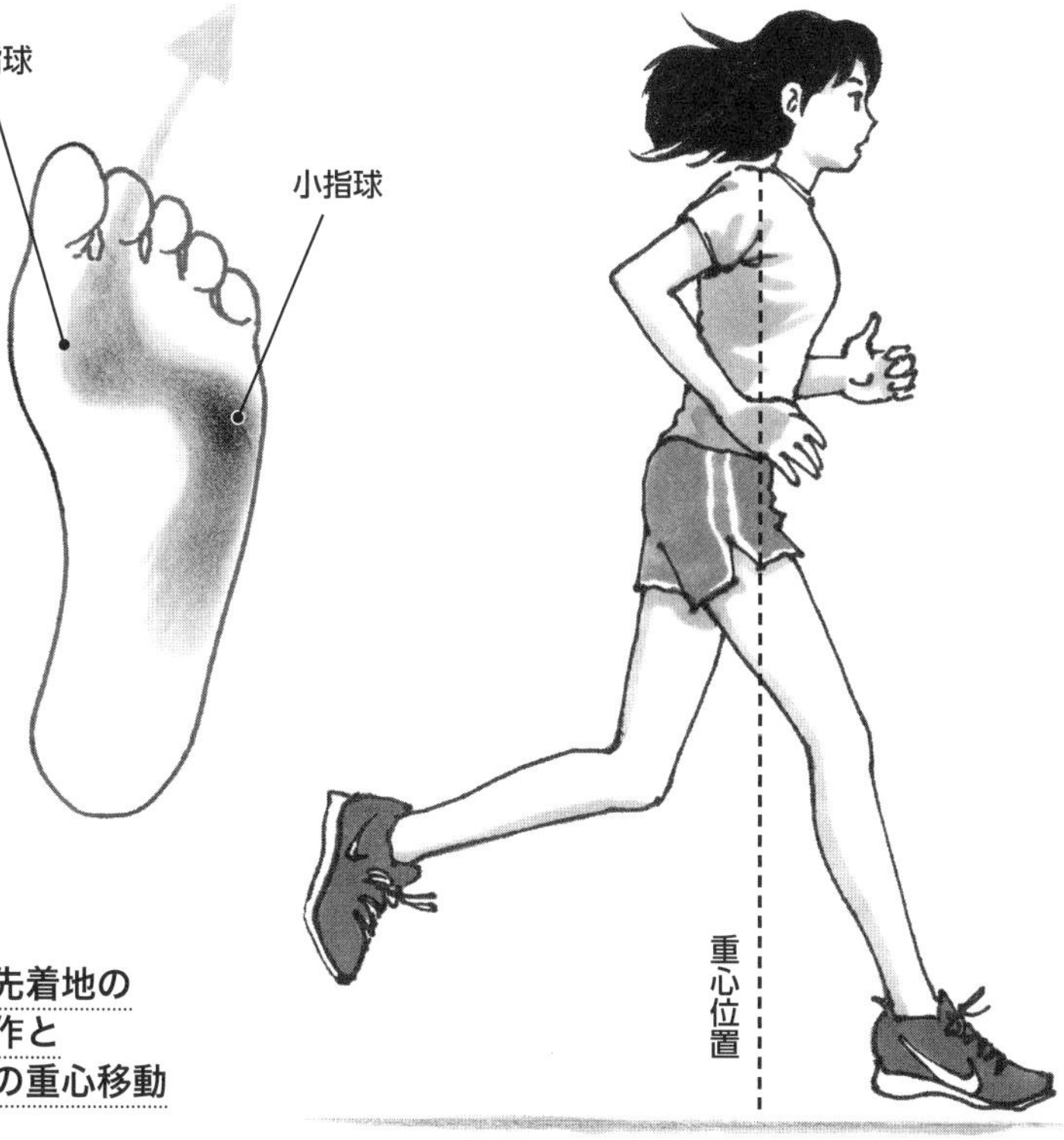

つま先着地の走動作と足裏の重心移動

め、筋肉が疲れやすくマメができやすく、脛を痛めやすい。いずれにしても、つま先走りは長い距離を走るのには不向きである。つま先走りで長距離を速く走るランナーもいるにはいるが、彼らが足の裏全体で着地するようになればもっと速く走れるはずだ」と書かれています。

　上の図はつま先着地のわざと間違った例を挙げています。膝下を前に伸ばして重心より前にフォアフット着地するのは最も悪い形と思っています。正しいフォアフット着地はミッドフット走法よりさらに重心バランスの真下に近いあたりに接地するようにならなくてはいけません。それにはもっと膝が曲がって着地しなければいけません。

違いは上体の重心位置とタッピング動作の有無

大まかにいって3種類の着地があるわけですが、ではなぜ着地に違いが起きるのか。二つ理由があるのですが、根本的には上体の重心バランスによってです。踵着地のランナーは上体を起こし気味の姿勢のランナーが多いです。そして上体の重心より前方に膝を伸ばして着地しています。ミッドフット着地のランナーは重心真下近くに着地することが多いです。上体はやや前傾した人が増えていきます。フォアフット着地の人は重心真下の着地が増えて、上体も前傾したランナーが多く見られるようになります。

二つ目は足首をハネ上げる動作の有無です。踵着地のランナーはつま先を上げる動作が大きいのです。人間の足はウインドラス機構といって着地衝撃を弱め、そして離地の弾性エネルギーを高める自然の機能があります。歩いている時も走っている時も着地前につま先が上がり着地に備えます。指だけだったらいいですが、子供の頃からつま先まで動かしにくいシューズを履いているせいか、足首全体がハネ上がってからタッピングするようにに着地する癖がついた人が多くいます。ランニング時にも足首からハネ上げてしまうために、踵から着地してしまう人が多くなってしまうのです。

第１章で初心者用のシューズを踵着地を助長する悪者のように書いてしまいましたが、一方で初心者ゆえのランニングフォームの悪さに起因する部分も大きいとも書きました。踵に厚みがある重たいシューズが踵着地を誘発するというのは事実だと思いますが、動かしにくい厚めのアッパーソールのシューズを履くことによってつま先部分を覆って、可動域を制限すること自体が踵着地を導く結果となっていると考えられます。

つま先はハネ上がるけれど、素早く振り戻して帳尻を合わせてフラット気味に着地するランナーも多くいます。これがミッドフット着地とかフラット着地といわれるランナーです。上体の重心バランスにかなり近いところに着地します。フォアフット着地は概して膝や足首の角度が変わらずタッピング動作が消失して前足部から着地するようになります。

第一次フォアフットのブーム到来でアキレス腱が腫れ上がる

フォアフット走法は着地衝撃が強くなり、とくにふくらはぎに負担が掛かるというイメージがあります。私も走り始めたばかりの初心者の頃に「マラソンを席巻するアフリカ人ランナーや海外トレイルランナーの一部はフォアフット走法で走っているから速い。効率性が高く足のバネを使って楽に走れる上に足腰への負担も少ない。そして衝撃が少ないから怪我をしない」という話に乗っかって、見よう見まねで試しに走ってみたところ、着地のたびにブルン、ブルンとふくらはぎが揺れて、踵やアキレス腱も相当負荷が掛かっているようでした。徐々に慣らしていけば習得できるだろうと我慢してやっているうちに痛みは日々増してきて、ある日触わってみるとアキレス腱にコブができていたんです。焦りましたね。「もうランニングのできない身体になってしまった。お母さん、ごめんなさい」。当時はそんな心境でした。あわてて病院に行ったところ、お医者さんから「あー、すぐコブは吸収されるよ。少しジョギングは中止して」と言われてホッとしました。そして自分にフォアフット走法は無理と判断して、あっさりやめてしまいました。あの時点では賢明な判断だったと思います。私は正しいランニングフォームがわかってなかったのですから。

今思い起こしてみるとあの時点で私が理解できていなかったのは以下の3点です。

① ふくらはぎの衝撃は遅いランナーほど感じる
② おそらく初心者の頃にやったのはミッドフット着地
③ 着地していた位置が踵着地と変わらずかなり前方だった

それでは各々について考察していきましょう。まずは① ふくらはぎの衝撃は遅いラン

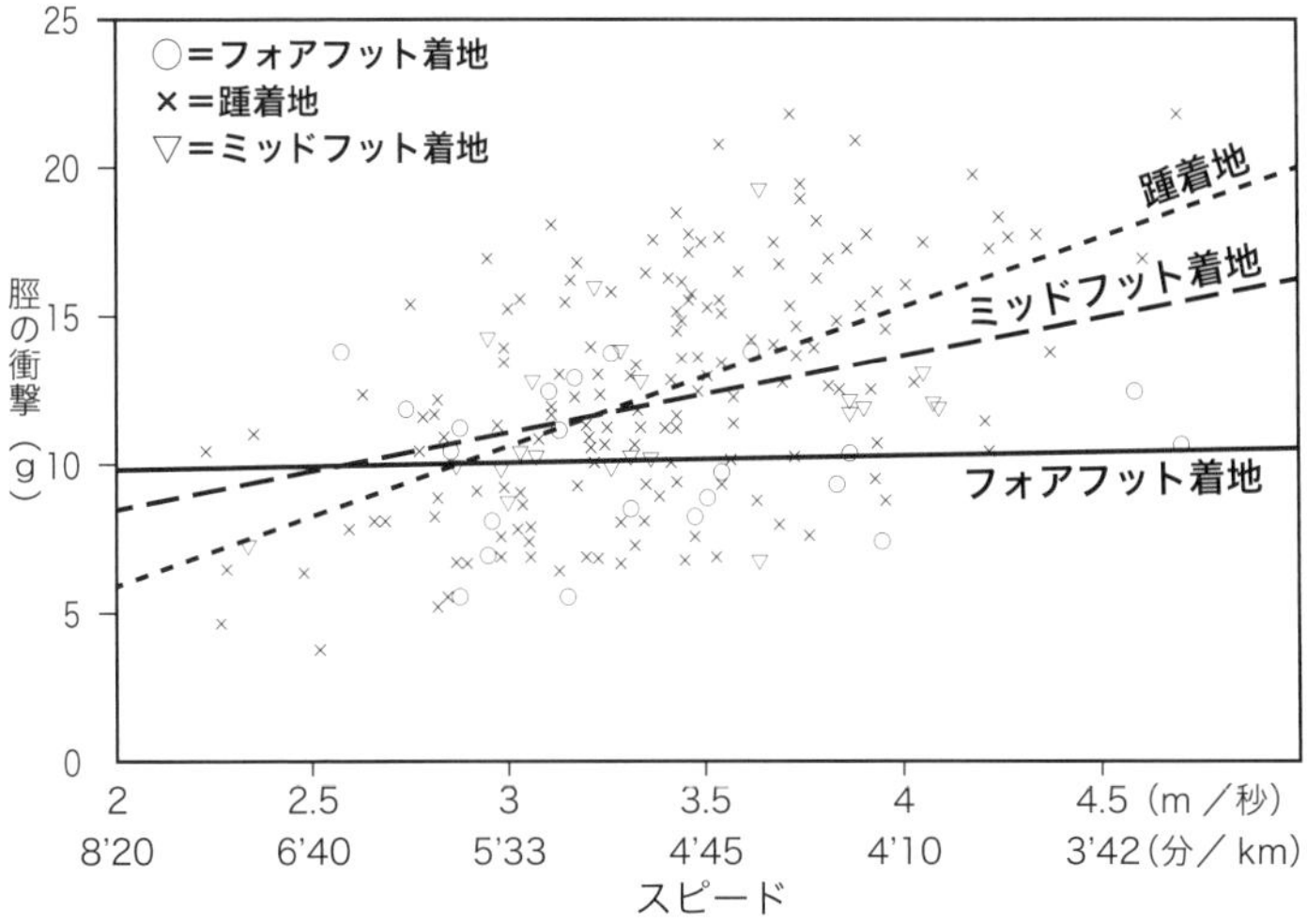

着地様式による脛骨に対しての衝撃度①

ナーほど感じる、についてです。

上の図は着地様式による脛骨（下腿の主要骨）に対しての衝撃度を調べた研究※のグラフです。グラフの縦方向は衝撃の度合い、横方向は走る速度を表しています。キロ８分20秒あたりは確かにフォアフット着地の方が地面からの衝撃度は高いのです。私も初心者の頃あまり速く走れなかったのでそこで大きな誤解を持ってしまったのでしょう。しかしおおよそキロ５分30秒より走速度が上がると踵着地とフォアフット着地との衝撃度は逆転し、さらにスピードが上がるとどんどんと踵着地は脛骨への衝撃度が増していくのに比べて、なんとフォアフット着地の衝撃はほぼ一定のままなのです。

※Irene Davis "Midfoot Strikers Are Different from Forefoot Strikers,but Similar to Rearfoot Strikers: Lessons from a Marathon" (2018)

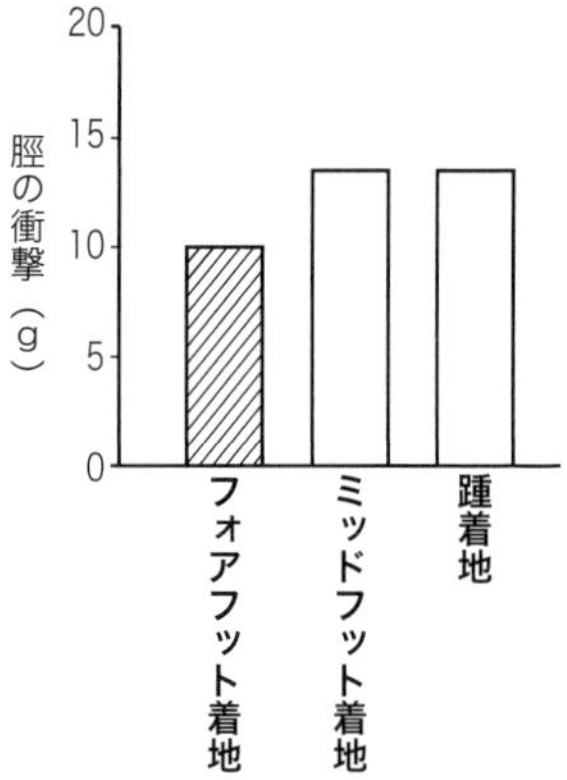

着地様式による
脛骨に対しての衝撃度②

②　おそらく初心者の頃にやったのは結局ミッドフット着地、についてですが、先の研究が興味深いのはフォアフット着地と踵着地に加えて、フラット走法といわれるミッドフット着地も対象に加えているところです。衝撃的な事実ですがミッドフット着地はグラフにあるように、やや踵着地よりも脛骨への衝撃は弱いものの結局は踵着地と同じく走速度を上げていくと地面から脛骨への衝撃は上がっていってしまうことがわかりました。一般的なイメージだとミッドフット着地はフォアフット着地に近いものと考えられていますが、なんとそれは間違いで、実は踵着地に近いものなのです。

棒グラフの方はおおよそキロ5分10秒あたりの地面からの衝撃を表した図です。ミッドフット着地と踵着地は同じくらいの数値ですが、フォアフット着地の方が低い着地衝撃になっています。つまりフォアフット着地とミッドフット着地は似て非なるもの。ミッドフット着地は踵着地に近い性格だということがわかったのです。

私が初心者の頃、なんちゃってつま先着地で走ったのは実はタッピング動作が入った帳尻合わせのミッドフット走法だったと思います。

③着地していた位置が踵着地と変わらずかなり前方だった、に関してです。17～49歳の熟練ランナー10人に対して着地する足の位置と着地パターンの影響を調べた研究※があります。異なる三つの着地パターンで走ってもらったところ、

Ⓐ踵着地（ヒールストライク走法）

Ⓑ踵着地していた付近に着地するフォアフット走法（身体のかなり前に着地）

Ⓒ身体の真下重心付近に着地するフォアフット走法

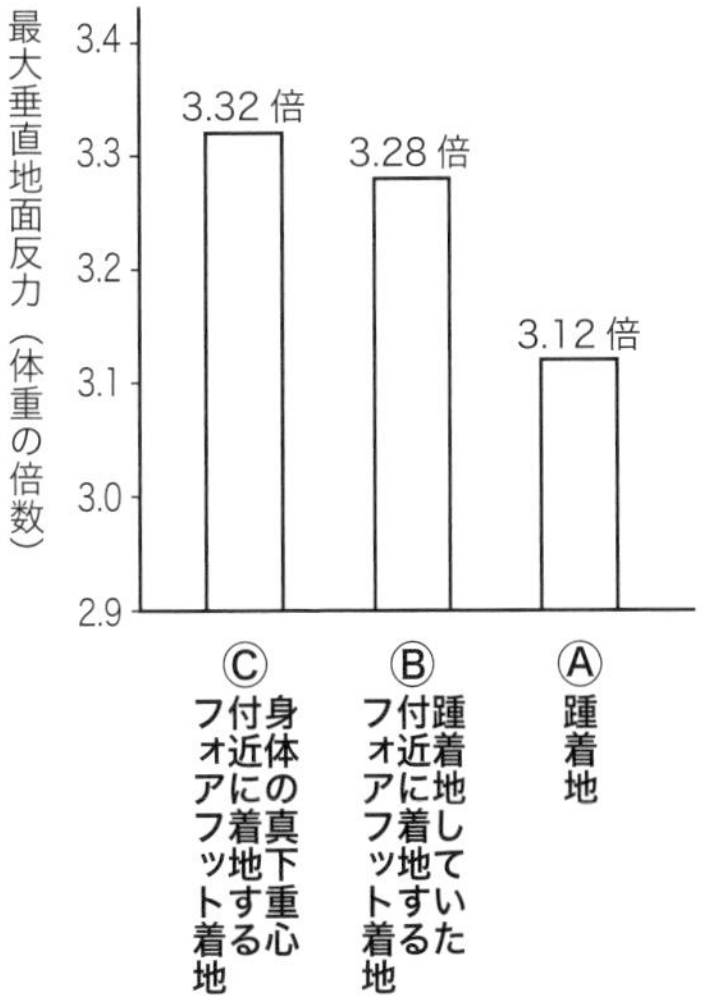

着地位置による最大地面反力の違い

垂直方向の地面反力は上のグラフの通り、Ⓐが体重の３・１２倍、Ⓑが３・２８倍、Ⓒが３・３２倍となりました。Ⓒの真下重心着地のフォアフット走法が地面の反力を最大に得られたことになります。その際ですが、Ⓑの踵着地の付近にフォアフット着地をしたうち、10人中３人はバネのように弾んで

※J.Guin, A.Gidley "EFFECTS OF FOOT PLACEMENT LOCATION AND FOOTFALL PATTERN ON THE METABOLIC COST OF RUNNING" (2018) https://digitalcommons.wku.edu/ijesab/vol8/iss6/34/

走ってしまったので分析から除外されました。実際、Ⓑだけがかなり酸素摂取量が増えていてランニングエコノミーが落ちてしまいました。つまり正しいフォアフット走法とヒールストライク走法とでは着地する位置がかなり変わります。フォアフット走法は真下重心への着地ありきです。これはとても重要なポイントです。接地時間は、Ⓐが0・35秒、Ⓑが0・33秒、Ⓒが0・31秒となり真下重心着地のフォアフット走法が一番短い結果となりました。瞬間的に地面反力を大きくもらえる走りとしてフォアフット走法が一番適していることを表しています。

私が初心者の時にやったのはこの踵着地で着地した位置にミッドフット着地していたのだと思います。どうりで着地衝撃がすごかったわけです。

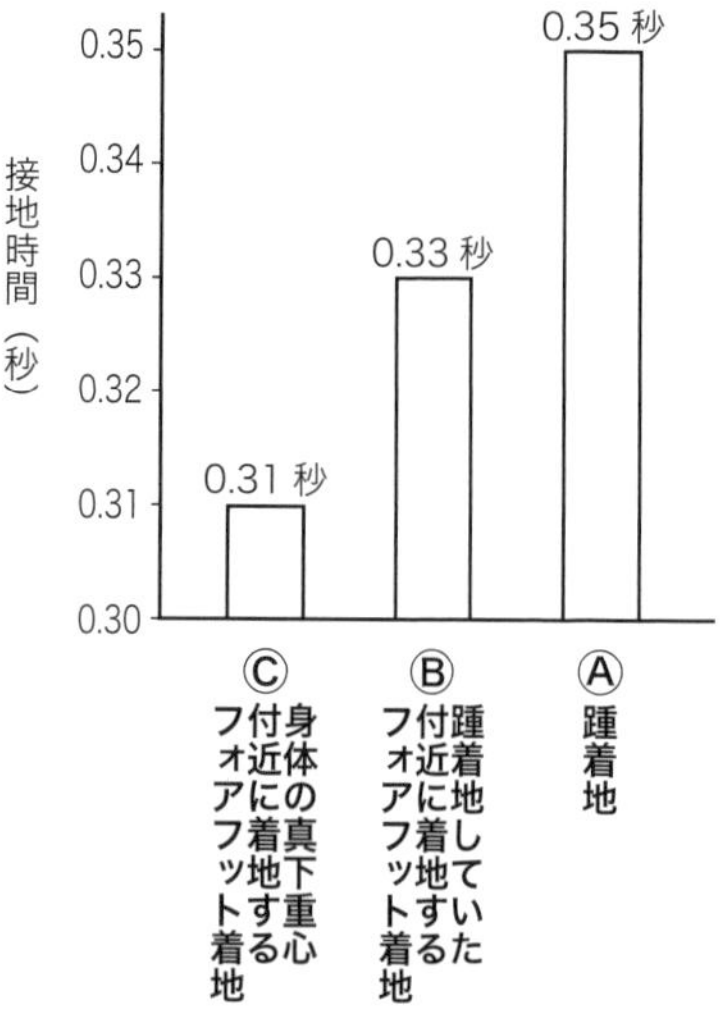

着地位置による接地時間の違い

第3章

噂の厚底シューズ、ヴェイパーフライ 4% の出現

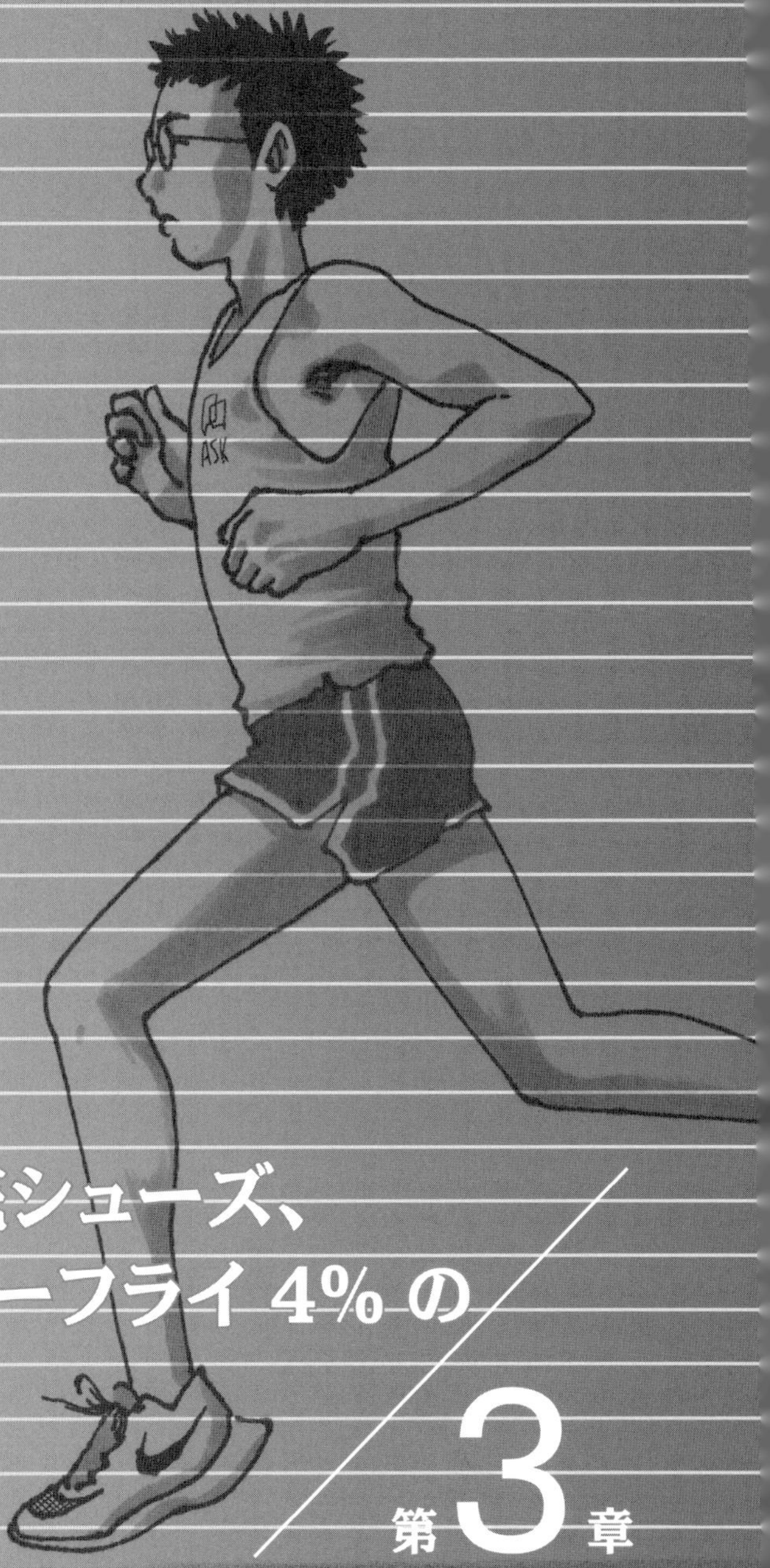

"Breaking 2" で 2 時間 25 秒でゴールするキプチョゲ選手

(写真：NIKE JAPAN)

噂の厚底シューズがベールを脱いだ!!

ナイキのヴェイパーフライ4%はその登場からセンセーショナルなニュースでした。2017年5月6日にイタリアのレーシングサーキットにて「フルマラソンを2時間以内で人類は走れるのか？」という世界的に大々的に配信されたナイキの一大イベント"Breaking2"が行なわれました。早朝の夜明け前から走り出し、暗いうちは先導車によるレーザービームの誘導、ゴール手前まで複数のペーサーが風よけになり交代で引っ張る、自

ナイキ ヴェイパーフライ4%

ナイキ ヴェイパーフライエリート

転車からの給水など特殊な条件下で行なわれたために非公式の記録でしたが、選ばれた３人のランナーのうち、ケニアのエリウド・キプチョゲ選手がヴェイパーフライエリートという見た目から特徴的なシューズを履いて２時間00分25秒という驚異の大記録を打ち立てました。２時間切りはならなかったもののナイキはこの見事なマーケティングキャンペーンで世界中のランナーの目を引きつけて、間髪入れずに普及版であるヴェイパーフライ４％とその廉価版であるズームフライを発売しました。

見た目に特徴的なヴェイパーフライ４％の靴底は、超軽量で柔らかく最大85％のエネルギーリターンという反発力を持つナイキズームXフォームと、フルレングスの曲

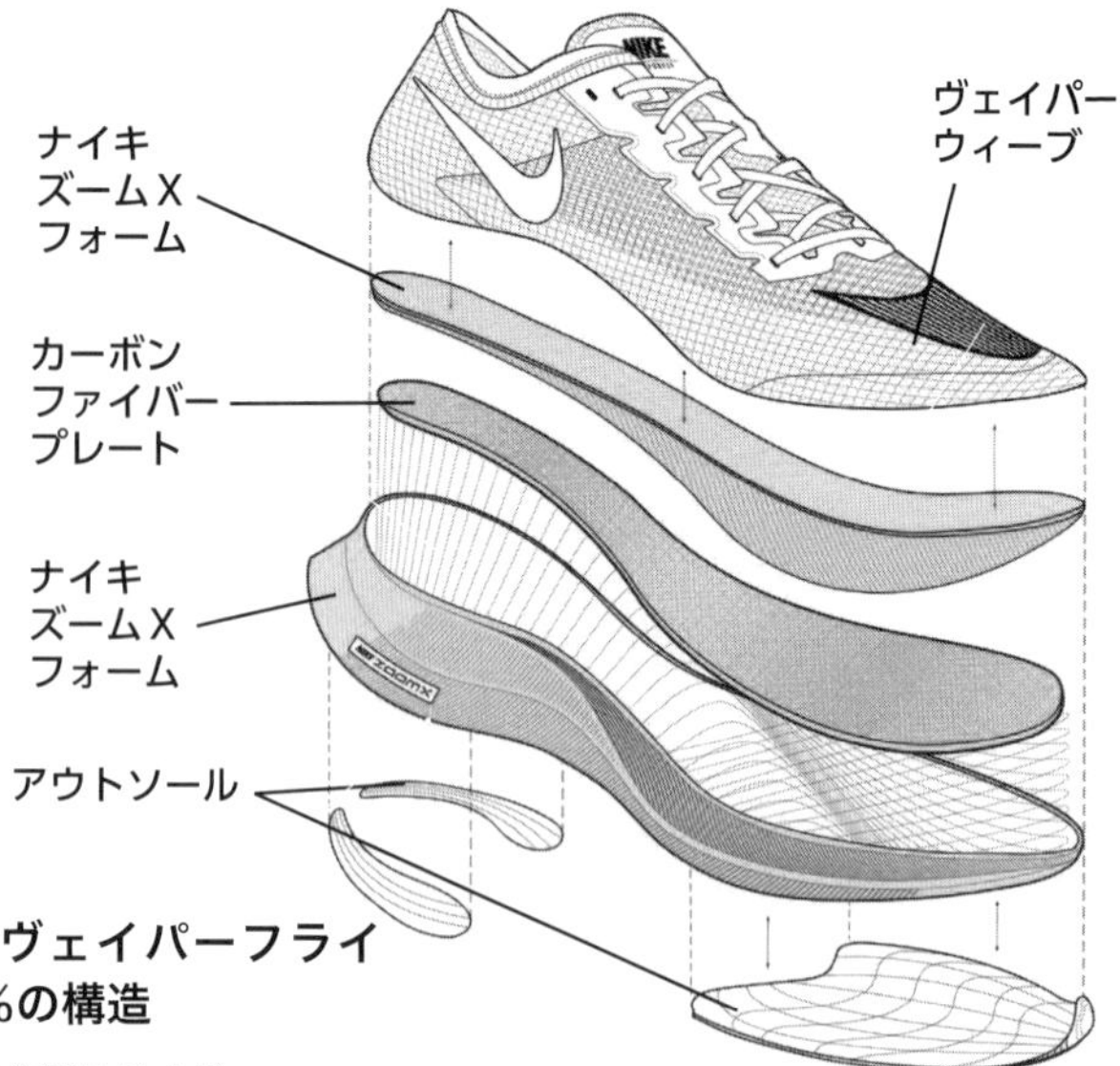

ナイキ ヴェイパーフライ NEXT%の構造

（写真：NIKE WEBサイトより）

線的なカーボンファイバー（炭素繊維）プレートで構成されており、ズームXにカーボンプレートをサンドイッチのように挟み込んで推進力を向上させるという仕組みです。ナイキの当時の最速レーシングシューズであったズームストリーク6、アディダスのアディオスブースト2と比較してエネルギーコスト（W／kg）を平均で4％節約できるという売り文句でした。

市民ランナーの中でも厚底シューズが話題に

発売直後から世界の長距離陸上界でもヴェイパーフライエリートだけでなく、市販モデルのヴェイパーフライ4％がエリートランナーに投入され自己ベストを連発し始めていました。ボストン、ベルリン、シカゴ、ニューヨークシティなど世界のメジャーなマラソン大会でヴェイパーフライエリートや４％を履く選手が次々に優勝して旋風を巻き起こし、「本当にあのシューズはすごいのか?」と市民ランナーの中でも声が上がり始めました。日本でも大学駅伝を皮切りに多くのランナーが履いて結果を出し始めていました。陸上男子５０００ｍ日本記録保持者の大迫傑選手が２０１７年12月の福岡国際マラソンで、市販のヴェイパーフライ４％を履いて日本歴代５位の２時間７分19秒のタイムで総合３位に入ったこと、そして２０１８年２月の東京マラソンで設楽悠太選手が同じく市販のヴェイパーフライ４％を履いて２時間６分11秒で総合２位に入り、マラソン日本男子記録を16年ぶりに更新したことは日本においても多くのランナーの記憶に大きく刻まれたことは想像に難くありません。

けれどいぶかし気に見ていた市民ランナーも多かったのも事実です。それはなんといっても見た目からくる理由だと思います。普通のレーシングシューズよりも極端に分厚く、しかも柔らかいミッドソールは「上級者は薄底シューズを履くもの」という従来の常識を覆すものでした。カーボンプレートによる強い反発は、板バネを仕込んだようなドーピングシューズと揶揄され、いつか国際陸連は使用の制限に乗り出すのではないかとまことしやかに言われた時期もありました。そして値段もです。ヴェイパーフライ４％は２万５９

20円、アップデートされたヴェイパーフライ4%フライニットは2万8080円もするのです。しかもその高価な値段に対してたった160㎞しか持たないといわれる耐久性。実質、少し履いただけ（というか最初から?）でミッドソールはシワシワになります。フルマラソンの勝負レースは結局3回も履けないのではないか。「値段でタイムを買うのか」という悪口もネットではよく聞かれました。

今までのナイキに対しての印象（個人の意見です）

単刀直入に言って私自身はそれまでナイキにいい印象を持っていませんでした。私はそれぞれのメーカーの代表的なランニングシューズをひと通り履き比べてきましたが、個人的な感想では主要メーカーだと、アシックス→アディダス→ミズノ→ニューバランス→ナイキの順番で評価していました。そう、ナイキは私にとって今まで最低の評価だったのです。ナイキといえばエア・ジョーダン。宣伝が上手なバスケットシューズのメーカーという印象でした。とはいえ何足か履きました。けれど全然よくなかったです。特に好きではなかったのがアッパーソールの感覚。他メーカーはアッパーに補強を入れて前足部や踵部分のブレをなるべく抑えるように作られていますが、ナイキにはそれらがデザインへのこだわりのためかほとんどありません。特に踵部分のヒールカウンターが弱く、踵がすっぽりと包み込まれるような安心感が他のシューズに比べてありませんでした。またシャンクといわれる踵と前足部を繋ぐ補強材も見てくれだけで弱く、ミッドソールの剛性も低すぎる。アッパーソールもつま先部分の高さが低く窮屈で足の指が動かしにくい。「ないわー」。私は新型が出ると一応試し履きはしてみるものの、ナイキ＝ダメシューズの印象はいつしか確信に変わっていました。

だからヴェイパーフライ４％が発売されたといっても、気にはなりつつも「ナイキさ〜ん、またいつもの宣伝戦略で結局履いたら微妙な感じなんでしょう？」と懐疑的に思っていたのです。

これがズームフライか！　厚底シューズの洗礼

とはいえランナーたちの間ではあがるヴェイパーフライ４％（以下、適宜ＶＦ４％と略します）の話題。そして私にもヴェイパーフライ４％の廉価版といえるズームフライ（ＺＦ）を履く機会が試走会で回ってきました。まだ２０１７年の時点ではズームフライですら品薄状態が続いていました。モノは試しにという興味が勝ちました。廉価版といえども１万６２００円（フライニットモデルは１万７２８０円）。ヴェイパーフライ４％との違いはミッドソールがズームＸフォーム（ＶＦ４％）か新型ルナロンフォーム（ＺＦ）か、カーボンファイバープレート（ＶＦ４％）かナイロンカーボンプレート（ＺＦ）かということ。重量は25・５㎝サイズで１７１ｇ（ＶＦ４％）に対して２１８ｇ（ＺＦ）。あとズームフライはエネルギーコストを何%節約できるかアナウンスされていないということです。

材質や重量、剛性は違うとはいえ構造は一緒なのである程度似た感触は掴めるかもしれません。靴底は硬質のプレートが入っているのでほぼ曲がりません。これは今までのランニングシューズと大きく違うところです。最初、歩き出した時に似ていると感じたのは京都の舞妓さんが履く「ぽっくり下駄」でした。前足部が曲がらず前上がりなために、前に進むたびにカクンカクンと前に倒れ込むような感覚があるのです。おそるおそる走り出してみると歩くより違和感はなく、フォアフット側

ナイキ ズームフライ フライニット

に倒れ込むような挙動になります。バネを感じて跳ばされるというより前のめりに転がされるという形容が合っているでしょうか。

とはいえ試走ではまだまだズームフライの美味しい部分がうまく使えておらず、フォアフットというよりは、地面の着地に帳尻を合わせたようなミッドフット着地だったと思います。ふくらはぎに疲れがたまってくるとダゴッダゴッという音とともに踵から着地するようになりました。靴底も黒いアウトソールの部分がついていない踵の白いミッドソールの部分が削れてしまい、前足部の部分はあまり摩耗しませんでした。ヴェイパーフライ4%が同じ感触なら履かなくてもいいと思いました。「やっぱり厚底で速いというのはおかしい。キプチョグ選手は そもそも何を履いたって速いはずである。ナイキから契約金もらってる選手は文句言えずに仕方なく厚底シューズを履いてるに違いない、宣伝戦略に乗ってたまるか！」と試走の後に思い

ぽっくり下駄
ズームフライの歩く感覚はぽっくり下駄にそっくり？
(写真：Martin Abegglen CC BY-SA 2.0)

ました。

ヴェイパーフライ4％入手！……が実戦投入は見送る

２０１７年11月7日に公開されたWIREDというメディアの記事※によると、２０１７年11月5日に開催されたニューヨークシティマラソンにおいて、２時間31分39秒〜３時間17分04秒で完走した１３８人の市民ランナー（21人がＶＦ４％、１１７人がその他のシューズ）を対象にした調査でＶＦ４％を履いた21人の前半と後半の差は平均１分40秒、その他のシューズの１１７人の差は平均５分34秒となりました。市民ランナーの大部分はレース後半は前半に対してタイムは落ちますが、その差が平均１分40秒というのは大変優れた結果だと思います。この結果だけ見てもヴェイパーフライ４％が着地衝撃を抑えてレース後半にどれだけランナーの足を持たせているかわかります。私の心はこの記事で揺れに揺れました。

『サブスリー漫画家 激走 山へ！』で富士登山競走、ハセツネＣＵＰと連戦を重ね、調子を崩していたせいもあり第37回つくばマラソンで予定のサブスリーを達成しなくては本の発売の予定時期が大幅に遅れることになります。そんなに革新的なシューズならば……と藁にもすがる気持ちになり、つくばマラソン直前に購入を決意しました。

何とかヴェイパーフライ４％を入手しましたが、走ってみて今まで履いたことがないよ

※https://www.wired.com/story/do-nike-zoom-vaporfly-make-you-run-faster/

うな着地感覚に驚きました。ズームフライをさらに上回る驚きでした。ズームフライも薄底シューズに比べると踵部分は柔らかいと思いましたが、さらにヴェイパーフライ４％は柔らかい。例えるならばデザートのプリンのような柔らかさでした。履き心地もどうにもしっくりこず、ミッドソールの安定感のなさに不安を覚えました。踵着地では底突きするような感覚すらあったのです。ズームフライを初めて履いた時のぽっくりのような違和感、これは走ってみるとすぐ消失したし、前に倒れ込む感覚にもすぐに慣れました。しかしヴェイパーフライ４％の違和感はさらにそれを上回っていました。それはもう、ズームフライが普通のシューズに感じるくらいに、と書くと大袈裟でしょうか。実際ランニングエコノミーを４％改善するといいつつも、メジャーな大会や駅伝ではヴェイパーフライ４％を履いて走り失速するランナーも多くいました。合う合わないがあると思いました。本を出す手前、富士、ハセツネに続く三連戦目を失敗に終わらせるわけにはいかず、ヴェイパーフライ４％の実戦投入をあきらめ苦渋の決断で安全パイであるターサージールを取りました。

結果としては第37回つくばマラソンは３年連続のサブスリーとなり「終わりよければすべてよし」となったのですが、やはり30㎞以降の足の痛みはとても辛く、全身の疲労感や苦痛も大きく印象に残るものとなりました。フォアフット走法になり切れていなかったあの時、ヴェイパーフライ4%だったらおそらく失速していた可能性が高いとは思います。しかし一方でもし着地疲労が抑えられたら、後半苦しかった30㎞からの展開はどうだったのだろうという興味もありました。

さらにいうと実戦投入しなかったのはもっと履きこなせるようになってからと思ったのもあります。ヴェイパーフライ4%はシューズを自分に合わせるのではなく、ランナーにヴェイパーフライ4%が理想とする走り方を要求するシューズだと思います。ランナーの中にはあくまでシューズは使うもの、服従させて自分の足に合わせさせるといった信念をお持ちの方もいるでしょう。しかし私はそこまで気にしません。ナイキが現存する最先端のバイオメカニクス科学、そして豊富な資金を投じて作り上げた本気のシューズならば、こちらも本当の性能を引き出して走りたいと思ったのです。1年後の第38回つくばマラソンで。

第4章 フォアフット走法の前駆段階、閃きの前スライド走法

きっかけは特殊な環境での靴下ラン

2017年のつくばマラソンを走り終えて、なんとなく2018年シーズンに向けてヴェイパーフライ4%の走り方を手探り、いや足探りしていたものの、練習用として購入したズームフライの着地の反発の美味しい部分すらもまだまだうまく使えていない感触でした。走り始めはいいとしてペース走でも疲れてくると足に重たさがのし掛かります。徐々にふくらはぎが張ってくる感覚もありました。

インターバルなど新鮮な足の状態のスピード練習ではある程度速く走れてしまうものの「これではマラソンの後半になると失速するんじゃないか」という不安は拭えませんでした。結局無理をしてタイムを帳尻合わせにしてしまっていても、心肺や筋肉に負担を掛けます。つまりランニングエコノミーが低い走りになっているのです。それが長距離走では大きなマイナスに繋がります。気づいてはいても、今の実力はこんなものなのかなと思いつつ、時は過ぎました。

梅雨時に雨が続いた日々がありました。雨でも走る市民ランナーは多いですが、私のホームコースの公園の土道はかなりグシュグシュに水溜まりができて迂回を余儀なくされます。仕方がないのでトレッドミルでも走ろうと思い、公共の体育館に向かいました。更衣室からトレッドミルのあるトレーニング室までは体育館のツルツルの床をシューズを履かずに靴下で抜ける部分があります。そこを小走りに駆け抜ける時に何となく今までと違う感触がありました。「妙に着地衝撃が少ないな……」。この感触は何なのか確かめたくて、トレッドミルに向かわず、屋根のある駐車場の中をその感覚を再現しつつシューズを履いて走ってみると、明らかに前足部からキュ、キュと着地する感覚がありました。今までにない前に滑らせるような着地の感触でした。全然スピードは出ていないのにいとも簡単に前足部着地になり、踵は意識せずとも地面に体重が掛からずほとんど接地しません。「あれ、これは何だ?」と思い、周りの目も気にしつつ何度も確かめるように短い距離の往復を繰り返しました。

地面に足裏を逆撫でするように着地する?

私がやったのは逆向きに着地することでした。地面に対して逆撫でするように着地してみたのです。本来、シューズは踵から着地してつま先側に抜けますが、つま先から踵に抜けるように前から地面に擦るように着地していたのです。当然ツルツルの体育館の床で靴下を履いて小走りしていたので前にどんどん滑ってスライドします。着地衝撃がかなり減り、でも不思議に地面の反力をもらえている感覚がありました。

駐車場を走ったあとにまた体育館の床面を靴下で走ってみると、びっくりするくらい着地が柔らかく音がしなくなっていました。そしてまたシューズを履いて駐車場で確かめる。その往復でその日は終わりました。踵着地はともかく、今までのようにフラット着地やミッドフット走法で帳尻を合わせるように足首をタッピングしてフォアフット着地になる感覚とは明らかに違いました。

この雨の日に履いていたのは古くなったアディゼロジャパンでした。この感覚を身体に馴染ませればどのシューズでもフォアフット着地になりそうでした。しかしその時点では懐疑的だったのも事実。こんなつま先から地面を逆撫でするように着地するのでは地面にブレーキしているようなものではないのか？　こんなスケートみたいな走りで速く走れるのだろうか。あんまり膝が前後に開脚できていない感覚も気になっていました。

自分はバカみたいなフォームで走ってるんじゃないだろうかという不安

次の日、晴れたのでズームフライを履き、公園に行ってみて昨日の感覚を試してみました。気持ちも高ぶっていたのでパーッと走り出したんですが、どうも昨日の走りが再現できません。前にスライドさせてフォアフットで着地させようとしても帳尻ミッドフット着地になってしまうのです。これじゃ今までと同じだ……。何が違うのだろう？　そう考えて昨日と同じ短い距離を小走りで走ってみました。前にスライドし始めました。ゆっくり走るといい感じに再現できるのです。そこで私は気づきました。スピードに乗ってしまうと前に足を、特に膝下を振り出しすぎているのではないか。そこで足先は前に出さず、膝下を振り戻す局面はなくしてみました。ちょっと意識して膝下を手前で止めて着地時に脛を後傾させないようにしたのです。そうするといい感じで前スライドになりました。ほぼ踵に体重は掛かりません。完全なフォアフット着地です。しかも地面の反力もずいぶん感じられます。前スライド走法は着地衝撃も少なく反発を得られる。反発以外に股関節を回すとか何もしてない。ハネてきた足を地面に戻すのみです。

しかし疑問も湧き出します。振り戻しの局面がない走りなんて見たことありません。不思議なのがこの接地意識だと足が前後に大きく開脚する感覚がなくなるのです。足を閉じて走っているのか？　と自分でも思うくらいです。膝はずっと閉じたまま膝下だけが後ろに上下して走っている感覚。しかもちょんちょんつま先だけで。周りから見たら自分はバカみたいなフォームで走ってるんじゃないだろうか。少々不安になりました。

疑問は次々に湧き上がってきます。前にスライドって相当変です。ヒールストライク走法でもミッドフット走法でも踵からつま先にローリングさせるように接地、離地を繰り返すのが通常の走動作です。それを逆につま先から突き刺すように入って、前足部でスライドが収まりそのまま前に抜けるのです。完全に逆向きだしブレーキしてるみたいです。そんな感じで走っているランナーなんているんだろうか……。

前スライド走法からグリップさせればフォアフット着地は簡単

それで思い起こしたのはケニア人の友人たちと公園をジョグで周回していた時のことです。以前、公園で走っている彼らに話しかけて以来、一緒にジョギングや飲みに行ったりする仲間になっていました。彼らと走っているとジョグなのに、途中から彼らはスイッチが入り最後は必ずラストスパート合戦になります。ケニア流の練習をずいぶんと叩き込まれました(笑)。彼らは交換留学生として日本に来ていましたが、今は本国に帰って各々頑張っています。彼らとゆっくりと走る時に違和感をいつも感じていました。地面に「キュッ、キュッ」と音をさせて着地をしているのです。私が何でそんな音をさせているんだ？と聞くと彼は「そんなヘンな音してるか？普通だろ？」と意に介しませんでした。

そして速く走り出すと摩擦音はしなくなっていました。気のせいだったのか？たまま履いていたシューズのせい？と思っていましたが、その後にまた別のケニア出身の選手と舗装路をジョグする機会があり、その時もゆっくりしたアップジョグでは「ザ、ザ、ザ、ザ」という音をさせていました。「この音は！」とケニアの友人らを思い出しました。

また陸上トラックで中距離を主戦場とする日本人選手とのジョグでも同じように前に滑らせるような着地をしていました。思えば彼らはフォアフット着地で走っており、低速では逆向きに前足部を滑らせて着地していたのです。日本一のヴェイパーフライ使いといわれる設楽悠太選手の着地音も「キュッ！ キュッ！」と鳴くそうです。私の閃きは確信に変わりつつありました。

走スピードが上がるにつれて前スライドはせずにグリップし始めるんじゃないんだろうか。もちろん膝下は前に投げ出さないようにして脛の前傾を意識する。ビンゴでした。足先は前側に滑っているためにブレーキ要素のように思われます。確かに低速で走っている時はそこまで足裏に面圧が掛からないので前にスライドするのですが、徐々にスピードを上げていくとストライドがひろがり着地する足の落下エネルギーは大きなものとなって地面を捉えるようになっていきます。そして接地時間も短くなっていきます。つまり地面を瞬間的に強い力でタッチする、ピンポイントで捉えるようになっていくのです。すると今まで前にスライドしていた前足部が路面をまさしく噛むようにグリップし始めます。低速では「ズズッ」という鈍い音だったのが、スピードを上げていくと「コッ！」という短い破裂音に変化してグリップし始めました。それとともにものすごく前につんのめるように足が進みます。膝下を前に振り出さないからストライドが狭くなって小走りで走っているような感覚がありました。

足の筋肉痛が前スライド走法でかなり減った！

しかし動画を撮って観てみると実際にはかなり前後に開脚していました。股関節や膝も深く曲がっているし、後ろへもかなり膝下はハネ上がっています。ＧＰＳウォッチで確認してみてもストライドはひろがっていました。なぜ膝が閉じているような感覚になるのか考えてみました。前スライド走法だと地面をタッチしているだけで股関節筋群を強く大きく動かそうとか、足を股関節から回そうなんて考えなくていいのです。速く走れば勝手に足は大きく回りだすような感覚です。接地だけ意識しておけば、あとは膝を高く上げようとか後ろにハネ上げようなんて1㎜も考えなくてよいのです。余計な力を使わないから疲れません。何よりも地面の反力を感じられ楽に足が進むのです。ズームフライがとても軽く感じられました。ふくらはぎの負荷も全くなくなりました。股関節の深い屈曲に伴い身体もかなり前傾します。呼吸は全然苦しくなくずっと鼻呼吸のまま。ランニングエコノミーがグンと上がった感覚がありました。地面からの反発を受け弾かれる足裏をまた地面に戻すだけ。だから足もひろげずに膝も閉じているような感覚になるのです。

前スライド走法の意識になって何よりも驚いたのが足への負担の軽減でした。フォアフット走法はふくらはぎにダメージが来るといわれていましたが、私の場合は確実に減りました。瞬間的な衝撃は来るのですが後に残りません。また30㎞以上のロング走をすると帳尻合わせのミッドフット走法だとヒールストライク走法と同じく足首を上げるので脛の前の前脛骨筋に筋肉痛が来ていたのですがこれも全くなくなりました。それと同じくして太腿の前側の大腿四頭筋の筋肉痛もなくなったのです。

気をつけるべきは、舗装路でグリップが勝っているのにまだ前スライドさせるように着地してしまうケースです。この場合、つま先がガッ！とグリップしてしまい、シューズの中で足が前に押し出されてつま先が暴れがちになり爪が死んだり、マメを作ることになります。わずかなタイミングの違いですが前スライド走法にトライする場合は色々と試してみて自分の足に都合のいい着地を探ってみてください。

「前スライド走法に慣れると、地面を逆撫でするように着地する感覚になります」と書くとブレーキ要素が多くなるようなイメージですが、脛が前傾してつま先がハネ上がるような挙動が失われます。つまりフォアフット走法になりやすくなります。逆に地面の流れに逆らわない順送りの振り戻しの意識が強いと、着地時に脛が後傾しがちになり足裏が踵から入ってつま先側にローリングする踵着地になりやすくなります。前スライド走法からグリップさせていく方向にシフトしていった方がフォアフット走法に簡単になりやすいと思います。特にヴェイパーフライ4%は着地の反発をもらえる美味しい部分がピンポイントです。だから本当に丁寧に接地させなくてはいけません。そういう意味でも前スライド走法はトライする価値があると思いますし、ヴェイパーフライ4%だけでなくあらゆるランニングシューズの地面反力を美味しくもらう部分もわかりやすくなると思います。

最初はぎこちなかった前スライド走法ですが慣れるにしたがって、脛の前傾を意識しなくてもできるようになりました。試しに以前のようにミッドフット着地にしてグリップさせるように再現して走ってみたら足がとても重たく感じられて、すぐに疲労が溜まってくる印象がありました。上半身も大きくブレ出しました。前スライド走法でずいぶんと着地衝撃が抑えられていることも実感できました。前スライド走法以前には戻れない。そう感じました。

第5章

フォアフット走法をマスターせよ（走動作編）

まずはフォアフット走法に必要な身体の意識を身につける

では早速フォアフット走法を身につけてみたいというランナーの皆さんに具体的にその方法をお伝えしたいと思います。のっけから矛盾したことを書いてしまいますが、フォアフット走法は接地意識が最重要なのですが、末端である接地だけを気にしても、骨盤を含む身体全体の重心バランス、足の回し方のタイミングが間違っていると、いつまでたっても正しいフォアフット走法になりません。ですから少々遠回りにはなりますが、身体全体の動作から丁寧にお伝えしたいと思います。今までの私の本をお読みの方は重複する部分もあるかと思いますが、書下ろしで新機軸の部分も多いと思いますので復習がてら読んでみてください。

走っている時の身体の重心とは一体どこなのか？

皆さんはまっすぐ立った時に足裏のどこに重心が掛かっていますか？　おそらく土踏まずのあたりだと思います。踵に重心が乗っていると感じる人は後ろすぎてそっくり返ったような姿勢になっています。つま先重心だと足首が力んでしまいます。つまりミッドフット（土踏まず近辺）で立つのが絶対安定姿勢を保てるのです。では走る時もミッドフット重心がよいのでしょうか。

　試しに立ったままで身体のパーツの位置を変えて重心を移動させてみましょう。座ったり寝転んで本を読まれている方は可能ならちょっと立ってみてください。そして身体をまっすぐにして頭を後ろに反らしてみてください。勝手に踵重心になると思います。しかし後ろに倒れてしまいそうで、そのままだとかなり不安定な状態になりますよね？　今度はニュートラルの立ち姿勢からグッと顎を引いてみてください。やや踵寄りに重心が後ろに下がったのがわかりましたか？

　次にニュートラルの立ち姿勢から頭はミッドフットの真上の位置のまま、お尻だけ後ろ、俗にいうへっぴり腰にしてみましょう。これも踵重心にたやすくなると思います。疲れた時によくなってしまうお尻が落ちている姿勢で走る感じに近いものがあると思いませんか？　この姿勢は踵着地に一番なりやすくよくありません。たとえこの姿勢で骨盤前傾にして腰を反らせるようにしても踵重心には変化はありません。つまり頭と腰の位置関係が間違っていたら、いくら骨盤前傾を意識したとしても意味がありません。そこから上半身を前傾にしたとしても踵重心は変わらない上に、お尻やハムストリングスは張るようにストレスが掛かると思います。

　次に身体をニュートラルの立ち姿勢に戻し前に頭を下げて倒れ込んでみましょう。つま先重心になりますが、頭が重たく感じられてバランスを維持するのは辛いと思います。バランスを取ろうとして少し腰を引くと楽にはなりますが、これもまたへっぴり腰を助長してしまいます。

腰を前に出せ！ 胸もだ！

ではニュートラルの立ち姿勢から頭は真上のまま腰だけ前に出してみましょう。楽に重心がフォアフットに移動しましたね？ ランニングは前方に重心を移動させる運動なので、この意識をランニングの時は持ち続けましょう。形だけ腰を前に出せばいいのではなく水平方向になるべく上下動しないでスーッと移動するイメージです。速いランナーによってはほんの1mくらい先に未来の自分がいて、そこに移動する感覚といいますから、もう意識的には腰の重心は身体よりも前方の空間にあってもいいと思います。

腰！ 骨盤！ 大転子！ 腰前意識！

なぜ腰を前に出すべきなのでしょう。フォアフット走法は身体の重心真下に近い着地がマストアイテム。腰が後ろに引けているとそれだけで重心が後ろに下がってしまいます。いくらフォアフット走法の形になろうとしても腰が引けていてはいつまでたっても重心よりずいぶん前に着地してしまいます。それでも無理にフォアフット着地にしようとするとふくらはぎを故障したりアキレス腱に痛みがきます。

腰を前に出すことによってハムストリングスやふくらはぎへの負担も減ります。着地の時の足裏重心もフォアフット側になります。接地をあれこれ工夫しても踵に体重が掛かり気味な人はとにかくなるべく骨盤を前に出すように意識しましょう。大転子からぐいぐいと前に出る感覚です。よく腰高を意識して走りましょうと指導されますが、それを言うなら腰前意識だろうと思います。

腰を前に出すことを意識しすぎてそっくり返ってもいけない

腰を前に出すことを意識しすぎると、苦しい時に顎が上がり上半身が反りすぎてしまう人がいます。そうなると踵重心になってしまいます。特に太っていてお腹が出ている人、またかつて太っていた人もそっくり返って顎が上がる姿勢になりがちです。膝は高く上がりやすくなりますが、蹴り足が後ろまで伸びず、地面をしっかり押せなくなります。上下動が無駄に出る割には前に進まない走りになってしまいます。腕振りを意識するあまり、肘を後ろに引こうとして上体が反り上がってしまうケースもあります。

やや顎が上がっているように見えるケニア人ランナーも多いですが、胸郭の上に頭を位置する必然性からで問題ありません。上体がやや前傾していると着地が自然と身体の重心にかなり近くなり、支持脚を後ろまで伸ばせるようになります。ただ無理に足を後ろに伸ばす行為は「足が単に流れている」無駄な時間ですので気をつけましょう。あくまでピッチで足を高回転で回せた上でさらに自分が地面にトルクを一番掛けられる着地位置と上体の姿勢を探り出しましょう。

前傾姿勢はするものではなく「なるもの」

前傾に関しては多くの誤解が出回っています。

よくある間違いとしては上体の前傾と骨盤の前傾は一緒ではありません。骨盤が後傾していても上体は前傾できます。いわゆるへっぴり腰。おそらくこれは一番最悪なフォームです。その場合、上体が前傾していてもあまり前への重心移動には寄与できていないことになります。大切なのは骨盤の前傾です。走る場合の骨盤の前傾は腰を前に出すことによって成立します。その時に上体はまっすぐ立っているように見えても問題ありません。さらに上半身の柔軟性があるランナーは胸椎を柔らかく使い、胸を張った上体の前傾を取ると水平方向への自然な重心移動に一役買ってくれるでしょう。

ケニア人ランナーは概して日本人ランナーより大きな上体の前傾姿勢を取って走ってい

ます。日本人がこれを真似ると多くは頭が前のめりになった前傾になってしまい、頭部の重さをもろに受けるので、腰に重大な負担を抱える可能性があります。「直立の姿勢から頭を前倒ししていって我慢し切れずに一歩、足が前に出る。それを交互に繰り返していくのがランニング」と指導されることがありますが、わざわざ最初から身体全体で前傾姿勢を取る必要はありません。ケニア人選手によく見られるような膝が深い屈曲（１５０度〜）したフォアフット走法になると、それに伴い股関節もバランスを取るように深い屈曲になります。そうすると必然的に上体は前傾姿勢に導かれることになります。

「骨盤を立てる」という表現もありますが、それだと股関節や膝の深い屈曲が導きにくくなり、腰高になって上体が伸び上がる感覚になりがちなので、私の意識では「骨盤は前傾させる」の一択と考えています。

不自然な上体の前傾姿勢になるな！

上体が前傾姿勢になる要素として挙げられるのが、強い向かい風、坂道の上りです。この二つは身体の重心を大きく前に出さないと進みにくいからです。この場合も頭を前のめりにしてはいけません。身体の重心を微妙に前に崩すようにすると楽に水平移動ができるようになり自然な上体の前傾が促されます。何のためにするのか理解できていないままの意識的な上体前傾は前方に身体のバランスを崩しやすくよくありません。上体の前傾姿勢はわざわざ取るものではなく、自然になるものです。くれぐれも形から入った前傾姿勢になってはいけません。ランニングは地面を足で蹴って前に進むのではなく、身体の重心を前に崩して移動するのです。その結果として足が回ります。

身体の重心と書きましたが特に意識するのは腰。骨盤からスーッと横に水平移動をする感覚を保つのです。この感覚で走れば自然な前傾姿勢に必ずなります。そしてこの骨盤のスムーズな水平移動を、足の上下動で邪魔してはいけません。手足の動きが腰の水平移動を妨げるような走動作や意識を一切持つべきではありません。

姿勢から考えるトレッドミルの功罪

トレッドミルは回転するゴムベルトの上を走るので、上にジャンプしてるだけで地面を前に蹴る力が弱くなり、結果マラソンに必要な筋肉が鍛えられないといわれます。筋肉には負荷は掛けられないが、心肺機能には負荷が掛けられるという不思議な主張もありますが、そんなことはないと思います。実際、走っていることには変わりませんし、心肺がキツイということは筋肉に酸素が必要とされて二酸化炭素が排出されているということです。つまり筋肉に負荷が掛かっている証拠です。私はどちらかというとトレッドミルで走った方がキツイと感じます。ゲリラ豪雨や不要不急の外出を控えるべき猛暑、寒さによる積雪、路面の凍結など気候変化に関係なく走れるのは大きな強みです。もしトレッドミルが近隣の施設にあり走れるならそれを避ける必要もありません。

今まで書いてきたようにランニングで大切なのは身体の水平な重心移動の意識です。トレッドミルの一番のデメリットは身体の重心移動ではなく、足で地面を蹴っていく、もしくは速い人は足を地面にタッチすることで走る感覚になってしまうことです。ほとんどのトレッドミルのコントロールパネルはランナーの前面にあるため、どうしても気になってしまい、ぶつからないように無意識で上体の前傾を伴わない姿勢になってしまいがちです。つまり上体を起こし気味にしてしまうのです。トレッドミル中心に走っている人は上体が立っている人が多いのもこのためです。またゴムベルトで着地衝撃が少ない分、上体はまっすぐで重心を前にせず足だけ使った大きなストライド走法になる可能性があります。ベルトが流れているために、身体の重心移動をしないでも、ポンポンと足で上に跳ねていれば走れるのでそのような癖がつきがちです。

空気抵抗がないぶん、または足で蹴る力を補うために、という理由でロードランニングと同じ条件にするためには傾斜を1～2度つけて走るといいともいわれています。これも私は重心移動で上体前傾を自然に促したくなるためと考えています。ですが傾斜をつけすぎると足自体はどうしても坂道の走り方になってしまい、ややアキレス腱やふくらはぎに負担が掛かりやすいと思います。

骨盤を重心移動の要とせよ！

骨盤の動かし方に関しては今まで私の本で多くを語ってきたので省略しますが、骨盤の動かし方のありがちな間違いを見ておきましょう。上のA図が正しい骨盤の動かし方です。骨盤が前方にキレよく主導、足も大きく振り出されているため、腰の位置も低く抑えられて水平に移動しています。

B図は股関節や膝関節の屈曲が足りていません。上体も反り気味で腰高になり上に跳んでしまって無駄な上下動が発生して

います。ストライドを無理に伸ばそうとして重心が後ろに残ってしまっています。そして踵着地になります。

最後のC図は身体全体が前のめりの前傾姿勢になってしまっており、骨盤が機能していません。体幹意識が欠けており足も後ろに流れて地面反力ももらえていません。

へっぴり腰になるなと書きましたが、正しく支持脚が接地しても重心真下に乗り込むまでは見ようによってはへっぴり腰の姿勢でもあります。そこからグイッと骨盤が前に動いて離地していくことになるのです。骨盤の移動をもって正しい身体の重心移動はなされなくてはいけません。といっても骨盤をむやみに動かしたりするわけではありません。奇妙な表現になりますが、骨盤は固有の筋肉で意識的に動かすわけではありません。骨盤自体を動かすことを意識せずに、正しい身体の使い方、四肢の動かし方をすれば骨盤は自然にキレのある動きになるのです。

身体の芯意識を考える

身体の芯意識については『ランナーが知っておくべき歩き方』にも書きましたが、大切な概念なので触れておきます。日本人は背骨を身体の軸と考える人が多いと思います。背骨を軸にして野球のバットやゴルフのクラブを振る感覚の人も多いと思います。しかしランニングの場合は胴体の背中側に沿ってある背骨に意識があっては後ろ重心の姿勢になってしまいがちです。

また丹田に意識を持ちましょうという人もいます。丹田とはヘソ下三寸の胴体を輪切りにして「田」の字のクロスしたあたりなんだとか。東洋医学独特の概念ですよね。しかし私は丹田に意識があると下半身から下腹までの意識しかなく、頭までの芯の意識が消失しやすいと考えます。そして曖昧な中心意識を持つより、左右の大転子を意識すればよいと

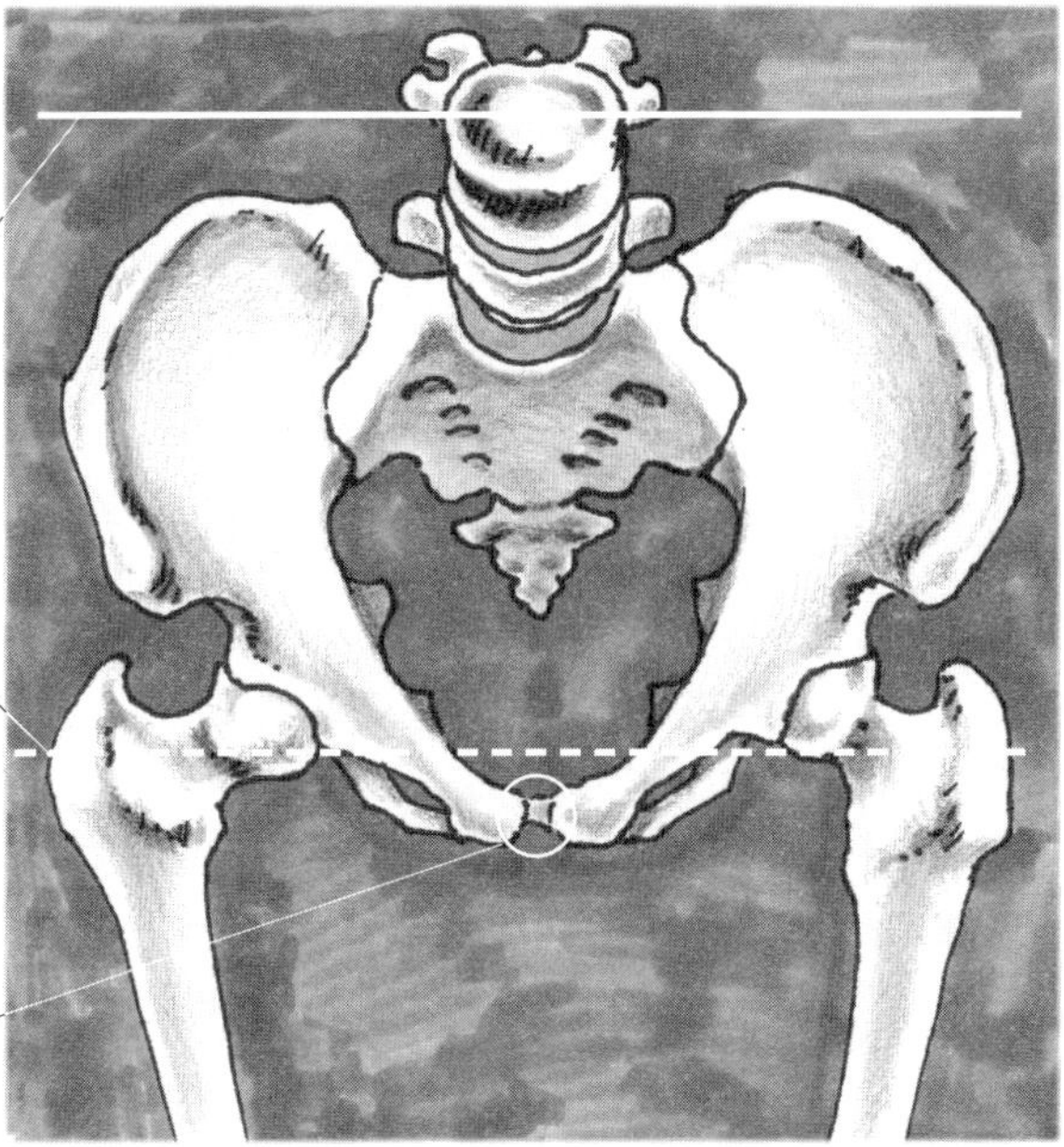
背骨は胴体でも
一番後ろにある
股関節（大転子）
は胴体の前側に
ある
恥骨結合

骨盤を上から見た図

考えています。大転子はおおよそ丹田の位置と高さが同じ。大転子は手で触ればわかる位置にありますので、その方が万人に理解しやすいはずです。骨盤は上から見ると楕円形の輪のような形状で股関節は身体の前側についています。そして大転子も前側です。

ランニング時には土踏まずから真上に上がって身体の前側、骨盤の恥骨結合あたりから胸の前部の胸骨、そこから喉のあたりで一旦外に出て顎でまた頭蓋骨に通すような身体の前面に沿った芯の意識を持つといいと思います。この芯が重心移動を伴ってスーッと前に移動していく感じです。ぜひ試してみてください。それによって中高年も加齢によるふらつきをかなり抑えることができます。トレッドミルでもこの意識を持つことができると重心を前に導くことができやすくなります。

末端部分だけを意識してフォームを調整しようとしてはいけない

ランニングはそのスピード域によって感覚は変わります。ゆっくりとしたジョグでは動作がゆっくりなので身体の色々な部分を意識することができます。ゆっくりジョグの時には「この動きをやると速くなる」と閃いた意識も、速度を上げていって実際のレーススピードで走ってみると、無駄な意識だったと気づくこともあります。またダッシュなどで速く走った時も勢いがついているので、実際のレーススピードまで落としてみるとマラソンで走る時には大切な意識ではなかったと感じることもあります。

速く走った時に膝下も勢いで後ろにハネ上がって「足の甲を上げる（背屈させる）と速くなるんだな」という実感を経験のあるランナーが持ったとします。しかしスピードがない初心者ランナーに「足を背屈させるように」と教えると単に地面スレスレで足先が前後する動きになってしまいます。自分の速度域で走った感覚がそのまま他人の速度域で通用するとは思わないことです。

その際、本当に意識すべきは腿上げ（膝の素早い引き出し）なのです。腿上げができれば自然に足首は背屈します。そしてさらに言うなら股関節からちゃんと重心に乗り込む動きができていればいいだけの話になります。

小さい走りと大きい走りを同じ次元で考えてはいけない

最近とみに感じているのが小さい走りと大きい走りを同じ次元で考えてはいけないということです。「身体の重心真下の着地を心がけよう」とマラソン指導ではよくいわれます。私もそう伝えています。これもまた誤解を受けてしまうのが、実は足の速い人ほど身体の前方に着地するようになっていくのです。おおよそ10㎝から20㎝。でもそれはとても速く走ると前方に着地してもすぐに重心に乗り込めるし、またそれによってブレーキが少し掛かって、地面からの反力を最大限に受け取れるから。そして速く走ると胴体の前方の空間に重心が出ることが多いのです。

しかしそれをゆっくりしか走れないランナーにそのまま伝えるととんでもないことが起きます。「なるべく遠くに着地すれば速くなるのね」と大股になって20㎝から30㎝前方に着地しようとします。もちろん踵から着地して大きなブレーキが掛かってしまいます。

トボトボとした走り方こそ正しい走り方になる？

逆にトボトボとストライドが狭い見た目が歩いているように見えるランナーは足が前後に開いていないので実は身体の重心真下に着地していることが多いのです。しかもあまり足が前に行かないので踵から着地せずミッドフット走法になりやすい。何ということでしょう、言葉だけピックアップすると真下着地でフラット走法を完璧にマスターしているということになります。

ランニングエコノミーと疾走動作の身体部位の関連性を調べた研究[※]があります。これによると膝関節の動くスピードは低いほど、腕振りの手首部分の動きは小さいほど、重心上下動も小さいほどランニングエコノミーは優れているという結果になりました。これらもまたトボトボ走っているほどランニングエコノミーが優れているという方向性に読み取れてしまいます。

ランニングフォームを修正する際に、末端部分のみに意識を持ってしまうと間違いが起きやすいのです。重要なのは速いランナーほど股関節の大きな動きが伴うということ。大きな走りの中でパーツを見るとコンパクトさを持ち合わせているランナーほど速い。前述の研究の伝えたかったことはそこだと思います。無茶苦茶に腕や足を振り回しているラン

※Williams, K.R. and Cavanagh, P.R. (1987) Relationship between distance running mechanics, running economy, and performance.

ナーほど遅いんですよという当たり前の結論です。

スプリントトレーニングを取り入れよう！

まずはドリルなどで大きな動きができるようにしてから、時折スプリントトレーニングを取り入れ大きな走りができるようになりましょう。スプリントは短距離走のみの練習法だと思っている人もいると思いますが、走動作の改善を促し、神経系を発達させて最大酸素摂取量や筋肉中のミトコンドリア酵素活性を改善するなど持久性アスリートにとっても有効なトレーニング方法です。

そして逆にペースを落としたゆっくりとしたジョグの時でも実際のレーススピードに近い速さでの身体感覚を常に意識してトレーニングしましょう。例えばピッチ一つとっても、実際のレースの時よりがくっと落としてゆっくり走っては役に立たないトレーニングをしてしまっていることになります。

あくまで大きな走りの中で小さい走り、コンパクト性を意識するのを心がけるのが大切なのです。小さいトボトボ走りから大きな走りにしていくのではなく、大きな走り方を身体に覚えさせてから、徐々にランニングエコノミーを高めるべく、コンパクトに洗練させていく。これが正しい方向性と思われます。

ケニア人ランナーの股関節伸展筋優位の謎

ケニア人ランナーはランニングエコノミーが日本人ランナーより高いとよくいわれます。フォアフット着地に注目して走動作の違いを解明していきましょう。「ケニア人長距離走選手の走行時における下肢筋パワーの特徴」という研究※で、ケニア人ランナーは支持脚期において日本人より股関節筋群における伸展筋の活動が大きかったという報告がされました。支持脚期において太腿の前側、大腿直筋の筋活動を調べてみたら、日本人は大きく、ケニア人はゼロに等しかったというのです。一体どういうことなのでしょうか。

股関節や膝関節が安定するためには、主働筋（太腿前部）と拮抗筋（太腿後部）がともに活動する必要があります。スクワットをするとお尻側の大臀筋、ハムストリングスと前側の大腿四頭筋が両方鍛えられるのはそういった理由からです。日本人選手は走っている時も股関節筋群の伸展筋群と屈曲筋群を拮抗して使っています。ところがケニア人ランナーは、屈曲筋である大腿直筋は使われず、ハムストリングスや大臀筋など伸展筋のみが優位に使われているというのです。

《筋出力＝主働筋出力－拮抗筋出力》ですから、日本人選手はケニア人ランナーより大きく前に進むパワーを損しているということです。お尻やハムストリングス優位ということ

※Yokozawa,Enomoto 2017

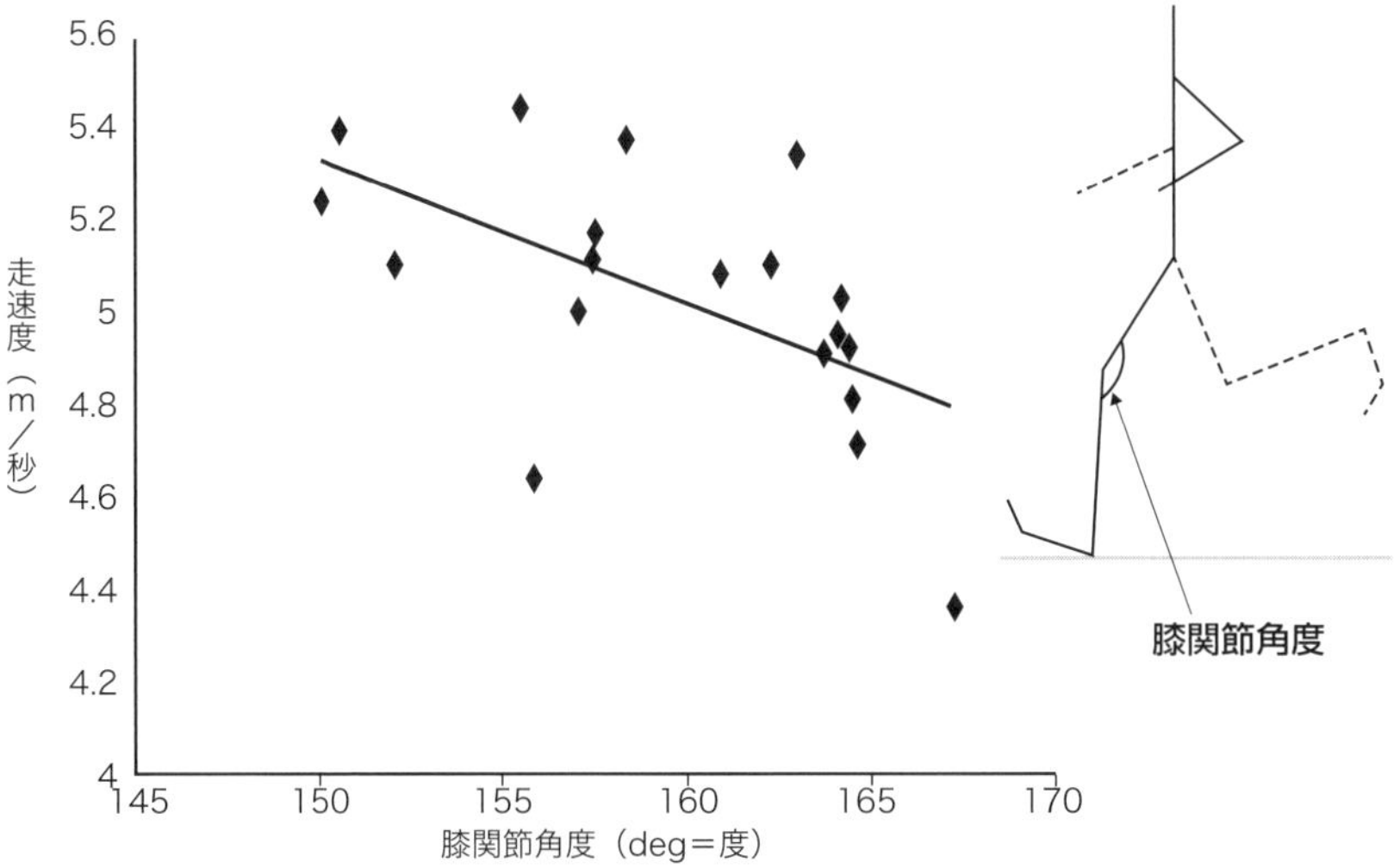

5000mペース時の走速度と膝関節角度の関係

長距離走は接地時の膝関節角度が曲がっているほど走速度は高くなる

は、ケニア人は膝をなるべくまっすぐに着地して後ろに蹴り出しているということなのでしょうか。

ケニア人は長距離走でかなり深く膝を曲げている

実はケニア人ランナーの走動作の特徴として深い膝の屈曲が挙げられます。日本人ランナーの方が股関節も膝関節も屈曲が浅いのです。以前ケニア人選手に聞いてみましたが「日本人の多くは深くしゃがむと腰が割れるんだよね。ケニア人のランナーは腰が縦にしっかりして割れないんだ」と独特の表現で説明していました。実際、「長距離走における接地動作の違いがパフォーマンスに及ぼす影響」という研究で※、接地

※https://gair.media.gunma-u.ac.jp/dspace/bitstream/10087/8371/1/07_NAKAO.pdf

時の膝関節角度が曲がっているほど長距離走のパフォーマンスがよいという報告がされています。さぁ、よくわからなくなりましたね。ケニア人ランナーの方が膝は屈曲しているのに大腿直筋を使わずに、腿の裏とお尻側の筋肉のみ使っているだなんて。主働筋のみ使われて拮抗筋は使われていないなんてことがあるのでしょうか？

実はそれは着地位置に重要なポイントがあるのです。日本人ランナーの多くは重心よりかなり前方に踵着地して、一旦膝がクッションするように沈み込んでから、重心真下に乗り込み、そして地面を蹴り出して膝がピンッと伸ばされていきます。その時に伸展筋群と屈曲筋群が拮抗して使われることになります。ケニア人ランナーは着地位置がずいぶんと重心真下に近く、さらにフォアフット着地するので重心への乗り込みが瞬時に終わり、着地した時点で後方への股関節伸展動作にすぐさま移れるということなのです。しかしそれにはケニア人特有の動作に理由があるのです。

着地時の脛の後傾こそが諸悪の根源だ！

地面の上でその場ジャンプをすると踵着地になる人はまずいません。つま先から着地する人がほとんどでしょう。それはクッショニングのために膝が曲がるため、足首を上げない限り必ずつま先が下を向くからです。ではなぜ多くのランナーは踵着地になってしまうのでしょう。走る時にストライドを伸ばした方が速く走れるという思い込み、または重心真下への着地をしていないために、膝下が膝より前側に必要以上に振り出されて脛が後傾してしまうからです。膝が曲がらず脛が後傾するということは身体の前方移動に対してブレーキを掛けているということです。

陸上競技的にいうといわゆる腰が落ちたランニングフォームになります。表現を変えれば腰が重心から乗り遅れたフォームということです。重心移動はなるべく素早く行なった方が速いのは当然。上体が足に乗り遅れてしまうと、後傾した足を垂直まで起こして、重い上体を足の向こう側まで「うんせ！」と一歩一歩乗り越えさせなければならず、これらの動作がマラソン中に何万回と繰り返されるととてつもない無駄な労力が発生します。しかも前にまっすぐ出した足にブレーキングによるショックが伝わり、マラソン後半で股関節や腰や膝が痛くなる原因になります。

フォアフット走法になるための一番のコツは脛の前傾

ケニア人ランナーは概して脛を前傾させたまま着地します。つまり足先を膝より前に出さないで着地します。そうすることにより地面の反力も強く受け取ることができるようになり、膝下は後ろに強く弾かれるようになります。膝下は振り出して前の地面をキャッチしに行かない。「地面を迎えに行かない」といったりもします。今まで膝下を振り出すように踵着地していたランナーにとっては、前に出さない感覚を足に覚え込ませなくてはいけません。

最初は意識的に折り畳んで我慢して真下に着地させるような感覚を持ってもいいでしょう。「着地にタメを作る」という表現がいいかもしれません。そうすることにより股関節を中心とした足の回転速度が結果的に低下しなくなります。足が接地してから離地するまでに膝関節と足首関節で一旦沈み込むようなクッション動作が減少し、ほぼ膝や足首の角度が変わらないようになるのです。やり始めは違和感があると思いますが地面反力を今までより大きくもらえることにすぐに気がつくでしょう。ストライドを制限するけれど、地面の反力を大きく受け取れる分、ストライドは大きくなります。さらに股関節を中心とした足の一体的な回転動作になり、フォアフット走法になりやすく、接地時間が大幅に短縮される、つまりスピードが上がることになるのです。

脛の前傾が股関節伸展筋優位に働くトリガーポイントだった！

ケニア人ランナーは子供の頃から裸足で地面を走ることで、脛の前傾動作を自然に体得しています。これら脛の前傾を維持するにはハムストリングスや大臀筋の伸張性収縮が伴います。前に振り出されようとしている膝下を股関節伸展筋が止めているという不思議な現象が接地直前の遊脚には起きています。そして着地すると何が起きるかというとしっかり作用している伸展筋側にドンッと作業が割り当てられます。つまりハムストリングスや大臀筋など伸展筋が大きく優位に仕事をするのです。ほとんど作用をしていなかった腿の前側の筋肉はそのまま仕事をしないという現象がケニア人の足には起きているのです。

ケニア人のダイナミックな走動作をスローモーションで見るのは勘違いの元

困ったことに後ろに足を蹴り伸ばすと速くなると思っているランナーは多いのです。特に左の図のように股関節から足を後ろに蹴り出す股関節伸展角度にこだわっています。ケニア人ランナーはこの角度が大きいという研究やまことしやかな動画があるのも多くのランナーの思い込みに拍車をかけています。

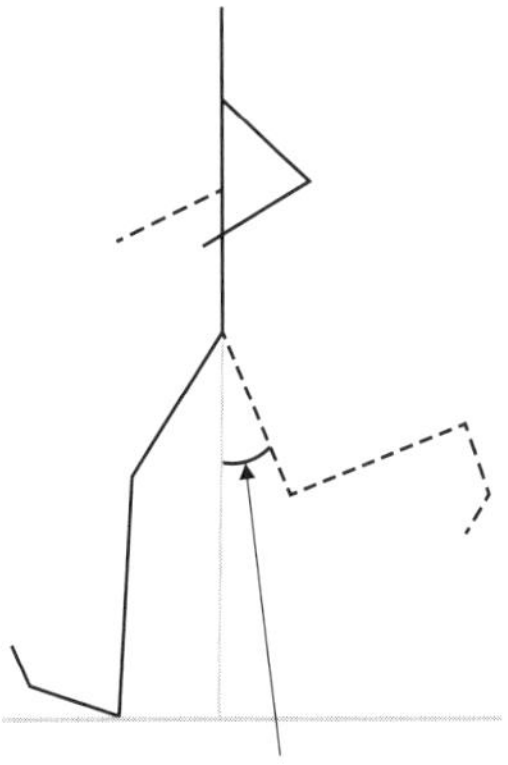
後ろへの
股関節伸展角度

しかしこの角度を意識して大きくしようとしても速くなることは一切ありませんし、かえって足回しが遅くなるだけです。

エリートランナーがスピードを上げて走っている時は大きな走動作が伴います。離地した足は膝下がお尻近くまでハネ上がります。「踵をお尻に近づけるように走りなさい」という指導もあります。しかし身体の動きを形から入ってはいけません。これらはすべて着地で地面を強くうまく押せた反発の結果なのです。結果である動作を「原因」と捉えてはいけません。ゆっくりしか走れない人がお尻に踵を近づけても腿裏が疲れるだけです。踵をお尻に近づけるのはハムストリングスの筋群ですが、膝下が後ろにハネ上がる時にハムストリングスを使ってはいけません。横に寝そべってランニング動作をすれば大股で足を大きく回せると思います。でも速く回すと身体の重さが足には掛かっていないのにすぐに疲れてしまうでしょう。身体のバネを使った地面の反発をもらう弾性エネルギーの再利用ができずに筋肉に頼るしかないからです。そして大きな足の回転は立ち上がって地面に向かってはできないでしょう。滞空時間の長さも地面を素早く強く押せた「結果」です。滞空時間を長くすることが速い原因と考えてしまうと無駄にストライドを伸ばすことになり遅くなります。目に見えているエリート選手の大きな挙動は結果なのです。

またスローモーションで走動作を見ると、地面を足が前から後ろに向かって流す、または掃くようなイメージで走るのが正しいように思ってしまうかもしれません。トレッドミルで走る場合は地面が流れて、ランナーはベルトコンベア上をトンッ、トンッと真上から接地させて走らなくてはいけません。これをベルトの流れに合わせて足を後ろに押して運

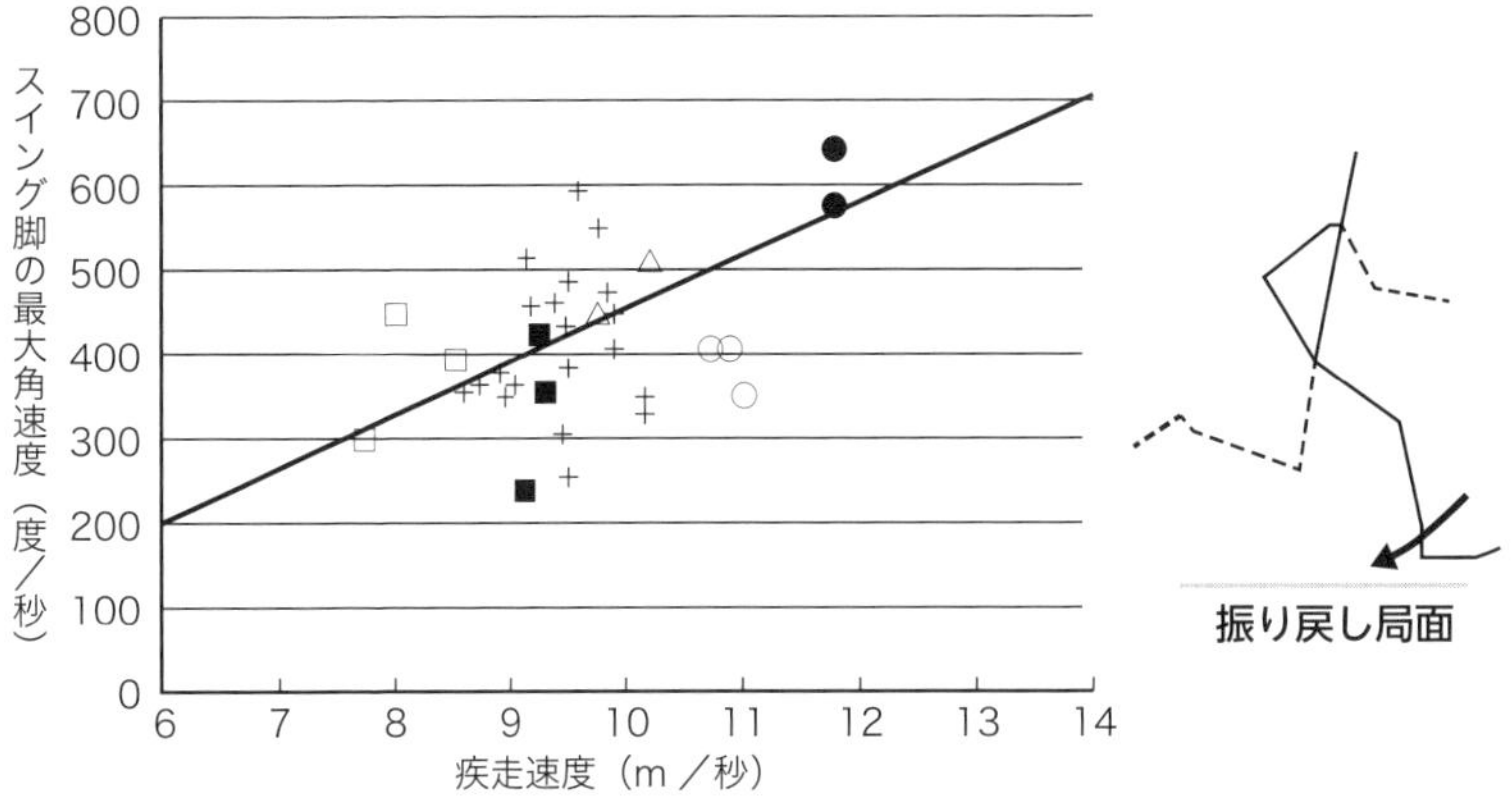

接地直前の振り戻し速度と疾走速度の関係

接地直前の振り戻し速度が高いほど疾走速度は上がる傾向にある

ぶと想像してみてください。接地時間が長くなり、ベルトに強くタッチできなくなりますよね？　ゆっくり動いているベルトなら合わせられると思いますが、ベルトのスピードを速くしたら足裏がついていけなくなると思いませんか？　それでも合わせようとしていたら、上体も暴れるし無駄な筋肉を使ってしまうことになります。

足回しの無駄を排除せよ！

上のグラフをご覧ください。第３回世界陸上競技選手権大会（１９９１年）における日本陸上競技連盟バイオメカニクス研究班の調査報告よりスイング期（キックし終えた足が次の着地をするまでの遊脚局面）の動作で、疾走速度と正の相関があったのは、接地直前の足の振り戻し速度であり、その他の動作（お尻への踵の引きつけ、腿上げ、膝下の振り出し）は疾走速度と関係なかったという報告があります。

これをどう見るか。単純に考えると身体より大きく前方に振り出された足を意図的に素早く振り戻せば速く走れるような気がします。しかしそうではありません。遅くなります。さらに故障と隣り合わせになります。地面を前から後ろに向かって掃くように足を動かそうとしても、足の後方スイング速度を高める動きにはならず、疾走速度は上がりません。狭視的なバイオメカニクス研究にありがちな間違いなのですが、股関節の場所を固定して、片方の足の動きですべてを見ようとしてしまっているのです。当然ですが人間の走動作において片足の回転はもう片方の足の影響を受けて股関節の位置は上下前後に動いています。

振り戻しの局面は支持脚が身体を地面から押し上げて、両足とも上空にある時に起きています。つまり遊脚はすぐに地面に着地しようとするのですが、着地する寸前に支持脚が地面を押して、股関節を上方に押し上げます。もちろん遊脚の位置も押し上げます。両足とも宙に浮いている状態になります。それゆえに足裏はそのまま着地せずに一旦間延びして振り戻されて地面とスピードを合わせるように着地することになるのです。

感覚的には地面から反力を受けてパンとハネ上がった足はすぐに最短距離で真下に着地させればいいだけなのです。股関節は大きく足回ししますが意図的に膝下に振り戻し局面を作ってはいけません。離地したらすぐさま地面に着地させるイメージでよいのです。

ヒップスラストは果たして走動作と一致しているのか？

最近、陸上競技の筋トレの流行りはヒップスラストです。以前紹介したヒップリフトにバーベル負荷が掛かったバージョンです。筋トレ種目の王者ともいわれるスクワットは股関節が「く」の字になった、お尻が突き出たところで一番臀筋に負荷が掛かりますが、ヒップスラストは身体がまっすぐになって腰が伸び切って反った時に一番負荷が掛かります。ゆえにランニング時の足を後ろに蹴り出した時の姿勢に似ているために有効だと考えられていると思います。しかし実際の走動作では足をまっすぐ後ろに伸ばした時に大臀筋やハムストリングスなど股関節伸展筋にテンションが掛かる局面はありません。後ろ足が伸び切った時にお尻や腿裏の筋肉に力を込めても遅いのです。後ろ足が後ろにある局面は大腰筋や腸骨筋など足を前に向かわせる股関節屈曲筋群にテンションが掛かってなくてはいけません。私は地面に接地した瞬間、着地衝撃に抗って骨盤のブレを最小限にして推進力に繋げていく意味では、臀筋の伸張性収縮を伴った古典的なスクワットの方が効果は高いと考えています。ですがヒップスラストも股関節筋群の伸展動作の強化という意味では補助的にやってもいいと思います。どちらにせよ実際の走動作と筋トレの間には大きな隔たり

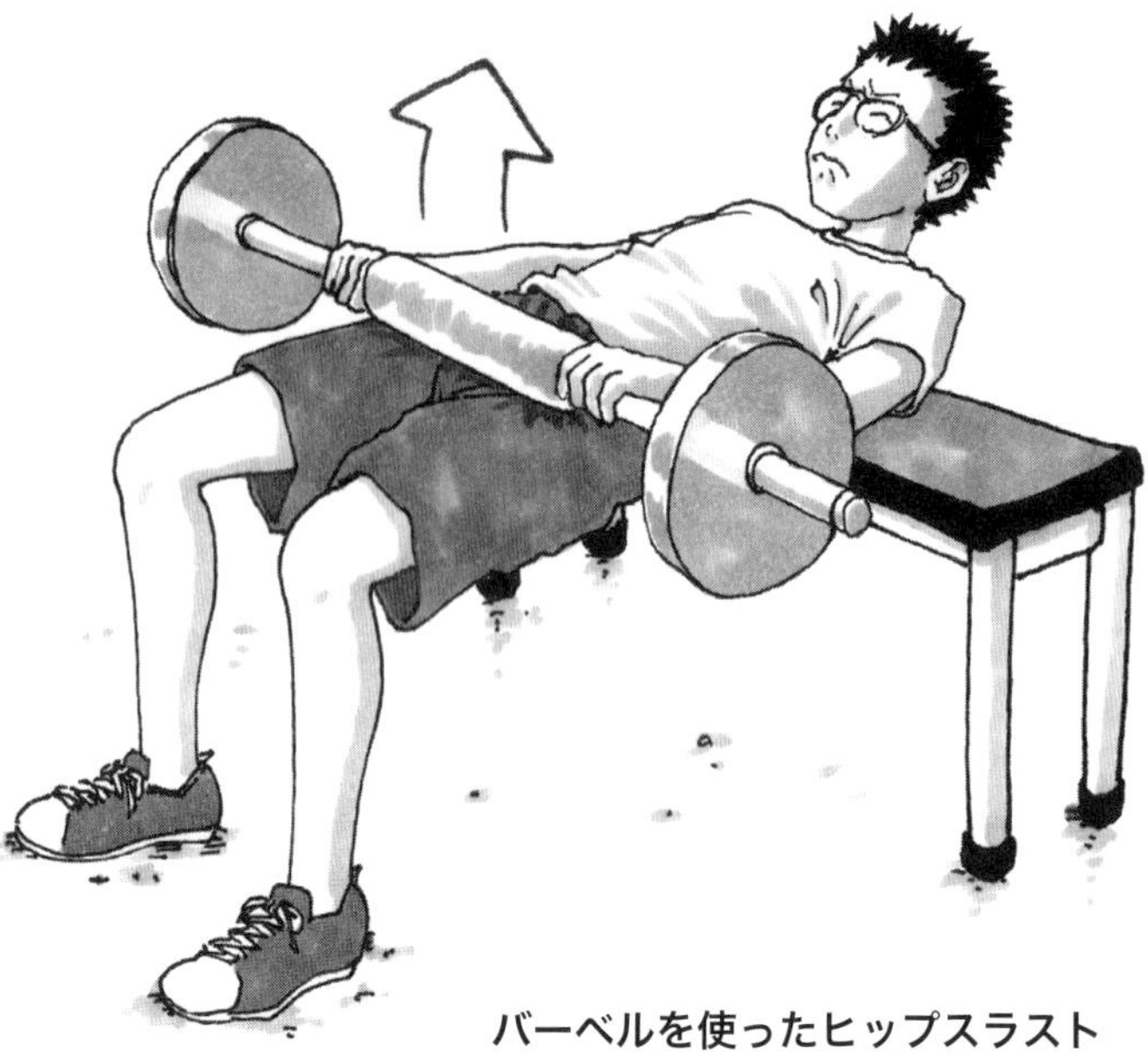

バーベルを使ったヒップスラスト

バーベルを使ったスクワット

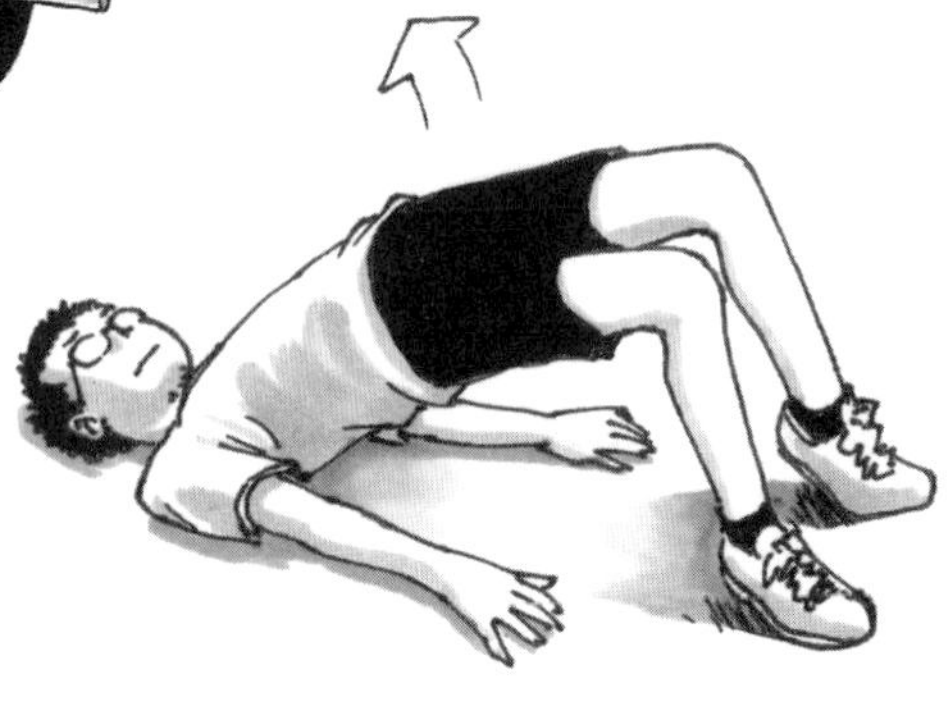

自重によるヒップリフト

があります。筋トレは外に向かって重心を崩す動きがありません。ランニングに応用するには重心移動を意識してドリルなどによって地道に落とし込んでいく作業が大切です。

膝は水平に流れて曲がる角度はほぼ変わらぬまま離地！

でも後ろ足は伸びているように見えるじゃないかという反論もあると思います。しかし足が伸びている局面では実はもう前に太腿は戻り始めています。膝下は悠長に地面を後ろに蹴っている場合ではありません。多くのランナーは後ろに向かって膝をまっすぐ伸ばして地面を蹴ろうとしてしまっているのです。つまり股関節も蹴っているし膝も蹴っている、そして足首も同じく蹴っている。ケニア人ランナーの膝関節は深く曲がったまま着地して、そしてスーッと水平に流れて曲がる角度はほぼ変わらぬまま離地します。膝はずっと曲がったままです。むしろ感覚的には膝はどんどん曲がり続けていく感じです。つまり一旦沈み込んでから膝を伸ばすのではなく、膝はある程度深く曲げて着地して、さらに曲げていく。膝を上に伸ばすのではなく、斜め下に沈み込ませていく感覚でもいいです。

なぜ膝が曲がり続けるのでしょうか。地面を蹴っておらず力が抜けているからです。膝から下はぶら下がってるだけ。膝から下は地面に置くだけ。お尻からは大きなパワーが地面に向かって出ますが、膝から先は力が抜けているので地面を蹴ることなく離地を迎えます。そして後ろに大きくハネ上がっていきます。力が抜けているから足は速く回ります。力が抜けているから前方に素早く戻されます。前に膝を運ぶ意識だけ持ち、後ろへは一切太腿を伸ばそうとしなくてよいのです。地面を押すことはとても大切ですが、能動的な意識は股関節筋群のみでいいのです。膝関節筋群と足首の筋群は蹴る必要ありません。余計な力と時間、そして上下動が発生するだけです。ランニングエコノミーも落ちます。膝や足首の筋力は着地衝撃を受動的に吸収かつ弾性エネルギーの再利用だけに使えばいいのです。短距離走でも長距離走でも重要なのは股関節の動きであり、股関節周囲の筋群の発達した選手ほどパフォーマンスがいい傾向があることがわかっています。

第6章

フォアフット走法をマスターせよ（足裏編）

なぜケニア人はクロスカントリーも最強なのか

ケニア人を代表とするアフリカ系のランナーにマラソンにおいて後塵を拝するようになって久しい日本長距離陸上界ですが、近年、徐々にその背中は見えつつあると言ってよいかもしれません。大迫傑選手の2時間5分台、それに続く設楽悠太、井上大仁、服部勇馬選手とタレントも揃ってきています。しかしケニアだけ見ても日本記録保持者の大迫選手より速くフルマラソンを走った選手は40人います。もう一つのマラソン大国エチオピアも37人います。この差は何なのでしょうか。ケニアやエチオピアは日本よりも整備された舗装路や陸上トラック施設ははるかに少ない状況です。逆にケニアやエチオピアはクロスカントリーの大国です。つまり土道などアップダウンのある不整地を走って競い合う風土が存在します。日本にもクロスカントリー選手権はありますが、競技人口も少なく練習環境も限られています。

Liebermanらの調査[※]で、ケニア人で子供の頃に裸足で走っていたランナーは、大人になってからも前足部で着地していることがわかりました。長年にわたりシューズを履いて走っているランナーの多くは踵着地であり、シューズによる踵の着地衝撃の軽減が踵着地をもたらしたのではないかと考察しています。

※Lieberman DE, Venkadesan M, Werbel WA, et al. 2010. Foot strike patterns and collision forces in habitually barefoot versus shod runners. Nature. 463, 531-535.

ケニアは国土の4分の3が半乾燥地帯であり、草原や低木林、砂漠がほとんどです。インフラ整備も十分ではなく郊外では幹線道路においても多くが未舗装であり、延々と赤土に覆われた土道が続きます。子供はそのような土道を裸足で5～20㎞を歩いたり、走ったりして通学します。日常生活でシューズを履いている子供は全体の1～2割程度。ケニアの子供時代における裸足の経験が舗装路ではなく、起伏のある草原や不整地であるということが、ケニア人ランナーのフォアフット着地の自然な形成に深く関係していると思われます。当然、穴ぼこや石ころなど不整地では足を引っかけて転ぶ要素がたくさん。草原にも足を痛めるような石が隠れているかもしれません。その場合、転倒や捻挫を防ぐために人は踵から踏み込まず、地面をつま先で探りながら着地するようになるのです。

そして子供たちは常にバランスのいい走りをする必要があります。アップダウンの起伏が激しく、車の轍が多く存在する安定しない路面を走ることで、自然に体幹や四肢のバランス感覚が鍛えられます。足はシューズに拘束されることなく自由に動き、フォアフット走法を獲得していったと推察されます。日本でも子供の頃から運動神経を磨くことの大切さが語られるようになりましたが、そんな不整地をケニア人は子供の頃から裸足で毎日走ってきたら、平坦な舗装路をシューズで走るマラソンなんて本当に楽なのだと思います。

ケニアの子供たちの通学は汗だくにならないで走ることが絶対条件

皆さんはランニングをする上で「接地時間を短くしなさい」、また「速いランナーは接地時間が短い」という話を聞いたことがあると思います。この接地時間を短縮するには「焼け石に足を乗せるような感じで」とか言われますが、意識して着地した足裏を地面からすぐさま上げようとしても接地時間の短縮には結びつきません。そもそもフルマラソン後半にそんな意識で走れと言われても無理なはずです。

では接地時間を短縮するために体幹トレーニング、スクワットなどで大臀筋やハムストリングスを鍛えるトレーニング、カーフレイズなどでふくらはぎ、タオルギャザーなどで足裏をしっかり鍛えることが大切でしょうか。筋トレもそれなりに効果はあるとは思いますが、アフリカで裸足で走ってフォアフット走法になった子供たちはそれら筋トレやタオルギャザーを欠かさずやっていたのでしょうか？　そんなことないですよね。

フォアフット走法はつま先から着地するゆえに、強靭なアキレス腱やふくらはぎを使って足先で蹴り出している走法のように思われている向きがありますが、つま先で蹴っていたらフルマラソンで最後まで持つはずがありません。そもそもアフリカの子供たちは足を速くしようと鍛えるためではなく、毎日走るしか通学手段がなかったために仕方なく走っていたのです。それにはなるべく汗だくにならず疲れないで楽に走ることが絶対条件だったと思われます。もちろん筋肉痛になんかなりたくありません。つま先で蹴り出すなんて疲れる走り方を選択するはずがなかったのです。

ふくらはぎが大きいとランニングエコノミーはすさまじく落ちる

ふくらはぎの筋肉を使い、足首に仕事をさせてつま先で蹴り出す動きをしてしまうと、上半身が崩れて腕振りを多くしなくてはならずランニングエコノミーが落ちます。ケニアの子供たちは教科書などを入れたカバンを抱えて走るわけですから上半身もあまり使いたくありません。省エネ走法で重要なのは蹴らないこと。つま先着地というと足首で蹴り出しているイメージがありますが、フォアフット走法はヒールストライク走法やフラット走法に比べて究極的にふくらはぎの筋肉を使わない走法です。

ケニア人長距離選手は生まれつき細くて長い膝下部分を持っています。私は骨盤の前傾や上体の前傾などよりそれが彼らの一番大きな身体的特徴と思っています。そして長い膝下がフォアフット走法を選択する影響を与えているという研究もあります。Lucia らは東アフリカの長距離選手のふくらはぎ周囲の小ささや軽さがランニングエコノミーに影響していることを報告※しています。

※Lucia,A et al.(2006) Physiological characteristics of the best Eritrean runners-exceptional running economy. Appl. Physiol. Nutr. Metabo. 31, 530-540.

太っているランナーは特に感じると思いますが胸やお肉が大きければ大きいほどブルンブルンと揺れますよね。同じく足の末端部にあるふくらはぎが太いと大きく揺れます。下り坂は特に感じると思いますが、走っている時の着地衝撃で起きるあの揺れは当然ながら足のスムーズな回転に影響を与えます。

フォアフット走法はふくらはぎの筋肉を使う選択肢がない

筋力はその大きさと長さに比例します。ケニア人ランナーは膝下が細く長く、腓腹筋もヒラメ筋もとても小さいのです。すなわち筋力も少ないということです。さらに子供たちは筋肉が未成熟。すなわち小さい筋肉を使って走る選択というのが元々なかったのではないでしょうか。逆にケニア人ランナーの武器は長く強靭なアキレス腱。日本人ランナーにありがちなシューズに守られた踵から着地して大きなふくらはぎの筋肉を使い、足首で地面を蹴り出すような走法ではなく、裸足で前足部から着地し、細く揺れない膝下を棒のように使い、ピンポイントでフォアフット着地で地面を突く走法を生まれながらに選択するようになるのではないでしょうか。スーパーストアに並ぶ豚や牛の肉を見ればわかるように、筋肉は多くの血管が入り組んでいます。つまり筋肉が活動をするには多くの酸素、そしてエネルギーが必要なのです。それに比べて腱は白く血管がほとんどありません。つまり腱の活動には酸素も供給エネルギーもほぼいらないのです。ケニア人ランナーはアキレス腱の弾性エネルギーを有効利用して蓄積、放出しながら効率的に省エネで推進力を得ていると思われます。

日本人だってふくらはぎは細くなる！

不整地である土道は足首で蹴らないで、股関節筋群で足を回し、上手に地面反力をもらわないといけません。足首で蹴って進もうとしたところで土埃が舞うだけで前に進みません。土の地面にはただ足裏を乗せていくだけと表現したらよいでしょうか。フォアフット走法になると着地した前足部が地面で弾かれて、そんなに筋力を使わなくてもよくなります。地面の反力をピンポイントで得られるようになり身体のバランスが崩れないフォームになります。そして結果、アスファルト舗装でもピンポイントに地面反力をうまくもらえる効率的な走りをケニア人ランナーはできるようになるのだと思います。日本人には無理？　そんなことはありません。使わない筋肉は細くなります。フォアフット走法になって蹴り出さない走り方を身につけて、私もずいぶんふくらはぎが細くなって「足細っ！」とよく言われるようになりました。

地面を引っかくランナーはふくらはぎが太くなる

気をつけるべき点は離地の時は一切つま先に力を入れないようにすることです。離地で地面を後ろに蹴り続けるような意識はいりません。それでは間延びした足の回転になってしまいます。離地した時点ではもうすでに足先は次の着地の準備に入っていなければなりません。簡単にいうとランナーは着地した時に離地のことを考えていてはもう遅すぎます。エリートランナーの足は着地した時点で次の着地の準備をしている、その表現が的を射ていると思います。つまり足先は後ろに蹴ってるのではなく、前に向かうような形になっていなくてはいけません。足首は90度くらいに曲がっているのが正解です。短距離走も長距離走も走動作によって膝や足首の角度が変わらないランナーの方がパフォーマンスが高い傾向にあります。

足の甲が脛のラインのまままっすぐ後ろに伸びているランナーは地面を後ろに蹴っている証です。これも足の回転が遅くなる原因になります。そしてふくらはぎが太くなり、肉離れなど故障しがちになります。余計な力を膝下の筋肉が発生させてしまっているのです。地面を足首で引っかいてしまってはいけません。地面の反力は接地した瞬間に素直に受け取るのみでよいのです。

ケニア人ランナーは地面を蹴らないから上下動が小さい

ＧＰＳウォッチなどの普及により、市民ランナーでも簡単に自分が走っている時の上下動が数値としてわかるようになりました。上下動は、ランニングのエネルギーコストの一つで、効率的なランニングの指標になります。よくある誤解ですが、どんどん走速度を増せば増すほど地面を強く蹴っているから上下動も大きくなると思われていますがそうではありません。もしそうなら１００ｍ短距離走なんて上にポンポン跳びはねていることになります。映像でよく観るとトップ選手の頭の位置はほぼ変わらず水平移動しています。スピードを出すと上下動が減って腰の位置は低くなります。スロージョグはあまり足を開かないので重心は高いままで、上がったり下がったりのいわゆる腰高になります。スロージョグの方が歩幅に対して一歩一歩の上下動が大きいのです。私が走るランニングコースにはちょうど目線の位置に壁沿いにラインがあるのですが、ゆっくりジョグの時よりレーススピードに上げると確実に目線の位置が下がり、上下動も減少します。といっても上体を屈めたり尻を落としたりしているわけではありません。胸を張って骨盤も前傾しているのに目線が下がるのです。足が前後に大きく開脚する分、股関節や膝関節が大きく屈曲されているので腰の位置が低くなります。そして遊脚が振り出される勢いと重たさが加わって、腰は水平方向に大きく移動するようになります。

ケニア人の長距離ランナーは大きなストライドでとかくポンポン跳ねて走っているように思われがちですが、実は低空で上下動が少ないのです。市民ランナーの上下動は約10㎝でストライドは80～100㎝程度ですが、ケニア人ランナーの上下動は6～7㎝です。逆にストライドは180～200㎝にもなります。この効果は最大酸素摂取量（VO2max）を30％向上させるのに匹敵するといわれています。私はこれを腰低意識と称して世にひろめようとしているのですが、骨盤後傾のお尻が落ちたイメージを思い浮かべてしまうのかどうもひろまりません（笑）。

上下動比は、平均上下動を平均ストライドで割った数値で、ランニングエコノミーの指標となります。ストライドと上下動の比率を意識しましょう。一般的にエリートランナーは上下動比が低く、経験の浅いランナーは上下動に多くのエネルギーを費やす傾向があります。

石畳で日本人や白人ランナーの頭は大きく揺れる

フォアフット走法は着地姿勢が安定する上に足裏から受ける衝撃度合いも減り、バランスもよくなり前後左右に振られにくくなります。これもケニア人は不整地を子供の頃から

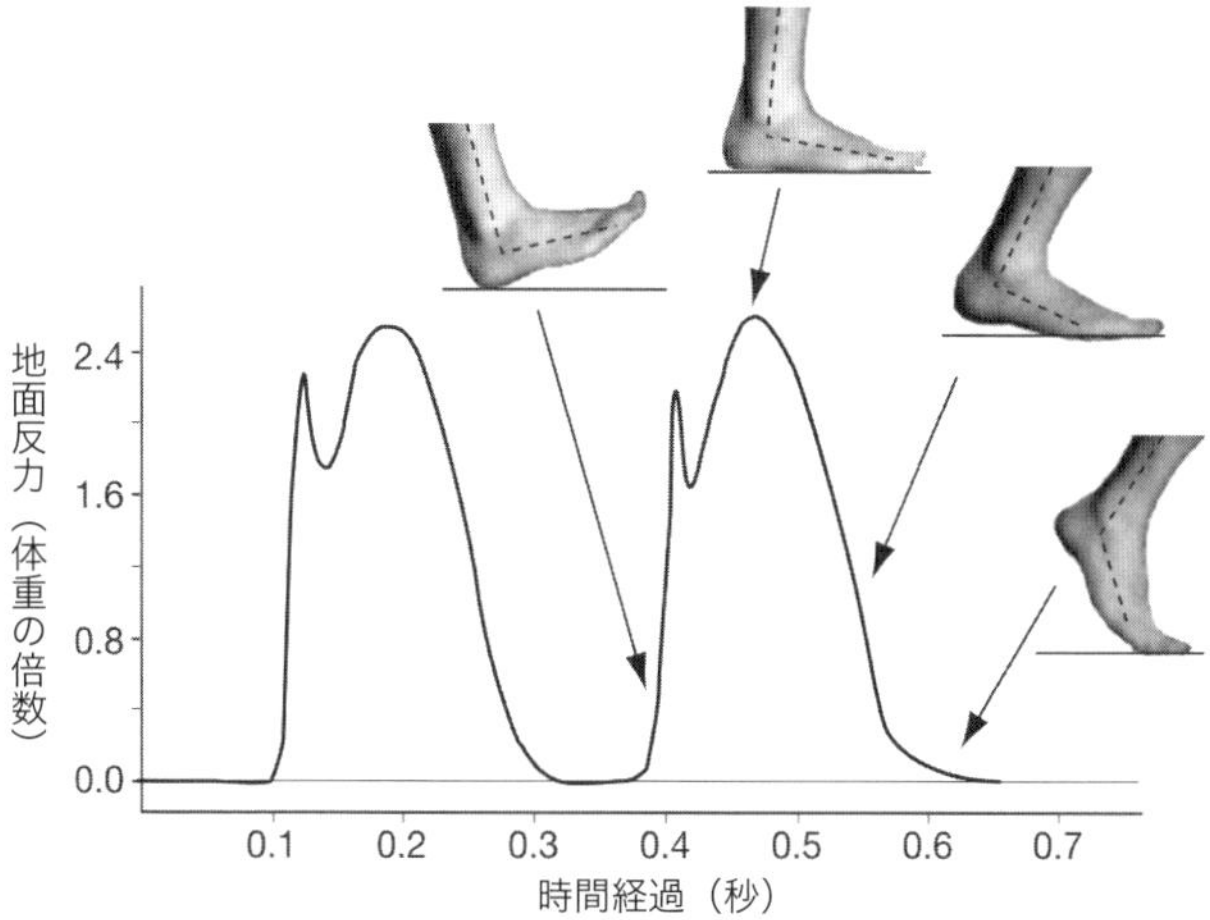

地面反力と接地時間の関係（踵着地）

踵着地は地面反力が二つの山に分かれる

裸足で走っているおかげ。フォアフット着地になると私自身とても驚いたのですがクロスカントリーなど不整地で本当に走りやすくなります。完全なフォアフット走法になってからハセツネCUPに挑戦して『サブスリー漫画家 激走 山へ！』を書きたかったなとも思います。違う景色が見えていたかもしれません。フォアフット走法だと接地時間が短縮されてピンポイントで地面を突き刺すように押せるので身体の前後左右の揺れが小さくできるのです。それすなわち効率的に地面の反力をもらえているということになります。実際フルマラソンのレース中、石畳やコーナリングなどでケニア人ランナーの上半身はほとんどバランスを崩すことはありませんが、それとは対照

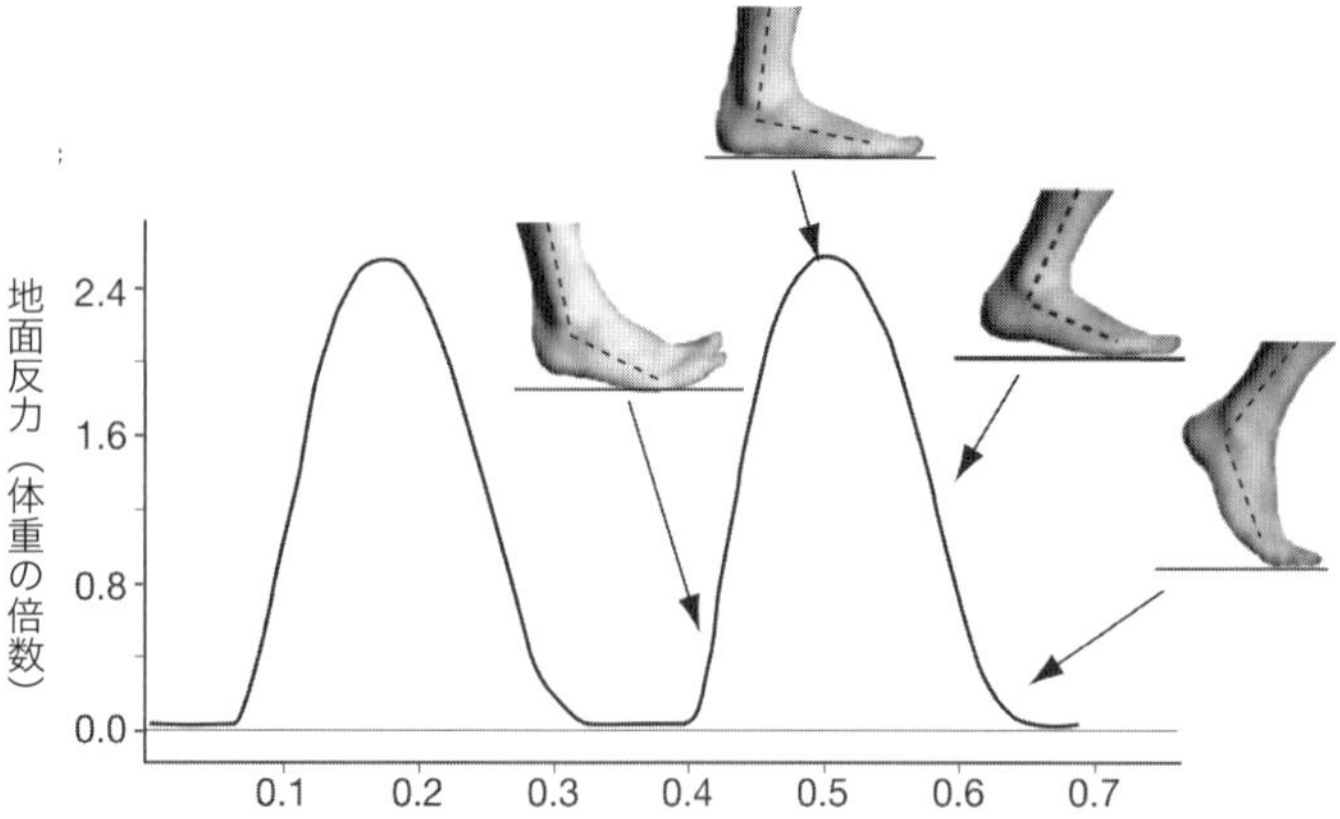

地面反力と接地時間の関係（前足部着地）

フォアフット走法だと地面反力は一つの山になる

的に日本人や白人の選手の頭は大きく揺れることがわかっています。

前ページと上の二つのグラフ[※]は地面反力と接地時間を踵着地と前足部着地で比較したものです。踵着地だと踵の衝撃と前足部の地面反力の第一ピークと第二ピークに分かれています。つまり踵着地は地面反力がバラけます。対してフォアフット着地は概してなだらかな一つのピークを描く傾向にあります。踵着地は足裏の地面反力がなだらかではなくギクシャクしている。このギクシャク加減は足裏だけで吸収されるのでしょうか。膝？　それとも骨盤？　いいえ、そうではありません。上半身の腕振りなど全身で吸収する仕事をしなくてはいけません。

※https://www.researchgate.net/publication/41174278_Foot_strike_patterns_and_collision_forces_in_habitually_barefoot_versus_shod_runners

腕振りを含む上半身の動きは腰や足の大きな動きに対しての制振が主な機能ですが、私自身の経験で言えばフォアフット走法である現在、踵着地やミッドフット着地に戻してみると、とたんに上半身が暴れ始めてランニングエコノミーが低下する印象です。つまりフォアフット走法になると腕振りは頑張って大きく振る必要がなくなります。

裸足で走っているがごとく接地感覚を磨け！

第16回世界陸上ロンドン大会にてサニブラウン・アブデル・ハキーム選手が日本代表で１００m準決勝に進出するもスタート直後にバランスを崩して失速、残念ながら決勝に進めなかったシーンを覚えておられる方もいるかと思います。ほんのちょっと身体を倒し込みすぎてしまったために前につんのめってしまったのです。短距離走は０・１秒の失速が敗北に繋がるわけですから本当にシビアな世界だなと思います。

お笑いコンビのペナルティのワッキーさんはキモ系芸人のように世間では思われている節もありますが、全国屈指の強豪である船橋市立船橋高校サッカー部出身で、スポーツを語ることにおいては的確なコメントが多いなという印象です。以前、自宅訪問のテレビ番組の際に、息子さんにサッカーのリフティングのコツを教えるのに「リフティングではまずイチが大切なんだ。イチが的確にできていなかったら『ニ』は崩れてしまう。だから

『イチ、ニィ、サン』ではなく『イチ、イチ、イチ』でやれって教えていますす」と言っていました。まさにリフティングのツボを言い当てていますし、これはまさにランニングにも共通することだと感じます。

さらに思い起こしたのは短距離走で関西学院大から彗星のごとく現れた多田修平選手（住友電工）です。彼はレースであのウサイン・ボルト選手やジャスティン・ガトリン選手よりスタートダッシュで一歩先んじて「なんだ、こいつは？」と驚かせた逸材です。それについて多田選手の恩師、花牟禮武（大阪桐蔭高）監督が興味深いことを語っていました。「多田選手の特徴として挙げられるスタートダッシュですが、本人も言っているようにスタートの反応が速いのではありません。スタートからの加速局面において、非常にスムーズに重心を乗せることができていることで、あの前半のダッシュが生まれているのだと私は思います」（陸上競技マガジン）

野球の盗塁がうまい選手は「最初の3歩が速いから」と言われますし、接地動作をピンポイントに的確にやるのは短距離走だけでなく長距離走でも求められることだと思います。もちろん長距離走は0・1秒の失速はそう問題とはなりません。修正可能です。しかし接地のほんの少しのタイミングのズレ、時間の無駄を何万回と繰り返せば大きなタイムロスと疲労に繋がります。長距離走こそ一歩一歩に「スムーズに重心を乗せて無駄なく身体を前へ水平に運ぶこと」が大切なのです。そして正しく丁寧に接地を積み重ねることでフルマラソンを速く走り切ることに繋がります。接地をおざなりにしてはいけません、接地感覚の向上は走力を一段階も二段階も引き上げてくれます。非常に大切です。

地面反力を味方につけるのだ！

人間が走る時に、唯一、地面と接するのは足の裏です。つまり人間は足裏のみを通して地面にエネルギーを伝えることができます。その際、地面がお豆腐みたいに柔らかければ「ぐにゃり」と足は沈み込むだけです。しかし実際には硬いので、その地面を押した分、反発を受け取ることができます。この反発が地面の反力と呼ばれるものです。

この地面反力はゆっくり押したらゆっくりしか返ってきません。つまり速く走るのなら瞬間的に地面を押すことが大切になってきます。そして強い力で押すと強く押し返してくれます。例えば片足で１００kgの力で地面を押せるとしましょう。しかしそれは理想値であり、実際には１００kgでは押せません。まっすぐきれいにピンポイントで瞬間的に押せる選手はエリートランナーに限られているからです。市民ランナーは地面を押す力が色々な方向にバラけてしまい、大きな地面反力の伝達ロスが生じます。

足裏を上手に接地させて押すことができれば、そのぶん強く地面の反力の恩恵を授かることができます。直径5㎝、長さ50㎝程度のまっすぐな竹の棒をイメージしてください。それをまっすぐ硬い地面に落とせば、まっすぐ上にポーンときれいに跳ね返ってくれるでしょう。しかし、少し斜めに落としてしまったら、ちゃんと跳ね返ってくれないでしょう。変な方向に吹っ飛ぶか、単に横倒しになるだけです。それらが経験の浅いランナーの接地です。

しかし地面反力は敵にもなる

竹の棒を変な方向から地面にぶつけ続けたら片べりし始めます。

そして強く地面に角を叩きつけたら、竹の棒はささくれ立って傷がつき、最悪裂けてしまいます。この竹は足だと思ってください。悪い接地を続けたら足は壊れます。上手に地面に足のパワーを伝えるには、つまりうまく弾むには姿勢と角度が大切なのです。もちろん実際の人間は足の長さや体形、筋力もバラバラなのでランニングフォームも各人少しずつ変わります。ただ上手に地面の反力をもらえば、疲れないし楽に速く長く走れるという点では同じ。

そしてそれが柔らかい棒、例えば発泡スチロールでできた棒だったら地面をそもそも押せないし、うまくパワーを伝えられません。また地面から反力をもらっても、そのエネルギーは分散されるか吸収されてしまいます。

硬い棒と柔らかい棒のイメージで説明しましたが、これは身体を固めろと言っているのではありません。リラックスしないと筋肉は速く動けません。あくまで全身の力は抜けていて、着地の時にタンッと自然に身体は固まり、きれいにまっすぐ地面の反発をもらえる姿勢や角度がありますよというお話です。そして問題なのは、人間の足の裏は竹の棒のような、わかりやすい平たく硬い円ではなく、凹凸があり縦にも横にも歪みやすいいびつで不思議な形をしているということです。

筋肉だけで走るのは非効率的？

人間のジャンプ力はどのくらいでしょう。垂直跳びではフランスのバスケットボールのカドゥール・ジアーニ選手が142cmで世界記録を保持しています。また走り幅跳びはアメリカのマイク・パウエル選手の8m95cmが世界記録です。身長比で換算すると、跳躍能力は4・7倍です。カンガルーの身長は1・2〜1・9mであり、大きい個体は体重90kgに達しますがなんと最長13m近くジャンプできるといわれています。身長比では約8倍です。

しかしバッタはその長い後ろ脚をバネにして最長で1mほどジャンプできます。バッタは体長比で約20倍の距離を跳ぶことができます。もしバッタが人間と同じサイズになったとすれば、ジャンプの飛距離は30m近くになり、バスケットボールのコートを1回のジャンプで飛び越せます。

地球上で一番ジャンプ力がある動物、それはノミです。体長は1〜9㎜前後で、体長比で最大200倍以上の距離を跳ぶことができます。そのノミの中でもジャンプ力が最も高い種は、イヌノミです。その跳躍は高さ25㎝に達し、体長比で換算すれば約220倍になります。もしノミが人間と同じ身長なら約370mの高さまで到達し、東京タワー（333m）を超えることさえ可能です。

バッタやノミの跳躍の秘密はバネを溜める特殊な機構にある！

どうしてバッタやノミはそんなに跳べるかというとレジリンというゴムのような性質を持つ弾性たんぱく質が脚に備わっていることがわかっています。レジリンはエネルギー効率が非常に高く、伸縮性があることが知られています。

このレジリンの働きによって、ノミやバッタは持続的に大きな力を発揮することができるのです。

レジリンに蓄えられた弾性エネルギーは1000分の1秒の速さで解放されるため、曲げた脚を瞬間的に伸ばして跳躍するのです。デコピン指のようにエネルギーを溜めてパンッと弾くと素早く大きなエネルギーが出て額を強く叩けますが、その機構に似ています。

通常のゴムは変形させる際に加わったエネルギーの一部は熱に換わり、元の形に戻るのにはエネルギーの60％が使われます。そのためゴムのボールは弾むたびにその弾む力は弱まっていきます。この性質は人間の筋肉とも共通性があります。運動する際に使われる筋肉のエネルギーの55～70％は熱として消費されるので、実際には半分以下のパワーしか出せないのです。しかしレジリンは実に97％まで跳ね返り、ほとんどエネルギー損失がありません。ゆえに一気に溜めたバネエネルギーを放出できるのです。

もちろん哺乳類である人間にはそのようなバネを身体の中に溜める機構は存在しません。筋肉と腱でエネルギーを消費しながら運動しなくてはいけないのです。しかしランニングにおいては唯一、可能性を秘めたパーツが人間の身体にはあるのです。地面との接点である靴底です。

重心バランスを崩して地面反力を有効利用せよ！

人は走る時に地面を足で蹴って走りますが、足中心に考えると、地面に着地した足を支点として足を含めた頭や胴体が前に移動しています。この動きを速くするにはどうすれば

重心を動揺させることによって身体を素早く前に運ぶ

いいでしょうか。地面を素早く蹴る、というのは間違いです。それだと筋肉を多く使った無駄な上下動の入った動きになりがちです。正しくは上の図のように地面に着いた足を支点にして「胴体を素早く前に運ぶ」です。

さて胴体を素早く前に運ぶにはどうしたらいいものか。支点が柔らかいとダメなのはわかりますよね。そして支点が面ではなく点、ピンポイントだとさらに速くしやすいです。それに加えて支点を柔道の足払いのようにつんのめらせるとさらに勢いがつきます。つまりバランスを崩させるのです。

皆さんは前につんのめるように転んだことがありますか？　後ろに尻餅をつく転び方だと足が前に滑って転びますが、前につんのめって転ぶ場合は、おそらく足裏が何かに引っ掛かって勢いよく身体が前に倒れ込んでしまうことになると思います。効率のよいフォアフット走法は地面に前足部が引っ掛かり、重心を動揺させて倒れ込む状態を微妙に作り出します。後ろから前に地面を逆撫でする感覚で着地するのです。地面にわざと逆向きに接地することで瞬間的に強いエネルギーを地面から受け取り利用します。かといって本当につんのめっていたら「おっとっと」とバランスを立て直すのにえらく労力を要することになります。この時に素早く安定的にグリップさせることが重要です。ヴェイパーフライ４％のアウトソールがなぜ多くのランニングシューズに採用されている細かい硬質プラスチックのエッジをつけずに、グリップ優先のゴムを採用したか。その最大の理由がこれにあると思います。前にスライドする感覚で入り、結果的にガッとグリップすれば普通に垂直に着地した時より瞬間的にブレーキが掛かり前に押し出されることになります。その時に体幹がブレてしまって前のめりになってはいけません。上体のバランスを微妙に前に崩して今まで踵着地の時に筋力で補っていた部分をテコの原理を使って水平の推進力に換えてあげるのです。

フォアフット走法は水平方向にドーンとストライドが伸びる

足で地面を蹴って胴体を一所懸命前に運ぼうとしているランナーは概して上に跳んでしまっています。今まで地面を掴みに行って真上に蹴っていたランナーや地面を前から後ろに向かって流す、もしくは掃くようなイメージで走っていたランナーに対して、フォアフット走法は全く逆向きに力を地面に与えることになります。その与えた力の地面反力、その推進力はどこに向かうのでしょう。つんのめるのだから前、水平方向にです。前スライド感覚で入りますが、実際にはガッとグリップさせる。すると無駄に上方向に跳ばず、スムーズに水平方向に素早く加速され、より低空で走れるようになります。

ゆっくり目のジョグだとそこまでグリップしない感じです。土の地面ではズッ、ズッ、ズッ、ズッと前にスライド、地面を滑らせるような着地となるでしょう。ダート状態ではそれでいいのです。落ち葉が敷き詰められた地面、舗装路でも濡れている状況だと同じような感覚です。体育館のようなツルツルの床を靴下を履いて感覚を掴むのもよいでしょう。この時点では地面に足裏をグリップさせる必要はありません。撫でるような感じで地面に逆らって着地します。速い速度になれば股関節や膝の屈曲が深くなり瞬間的に強い力で地面に接地するようになります。そうなればアスファルト舗装路やトラックのゴムチップでは自然とガッと噛むようにグリップするようになります。

着地は小指球から、そして母指球に倒れ込む

今まで前足部とだけ言っていましたが、細かく足裏のどの部分を使うか見ていきましょう。足を正面から見ます。骨盤から振り出された足先は大腿骨のQアングルの影響を受けて内側に入りつつ地面に近づいていきます。通常、左右の足は一本のラインに寄っていくように着地します。ゆえに足先は斜めになりながら足の外側から着地します。踵着地の場合は踵の外側から、フォアフット走法の場合は、小指の根元の小指球と呼ばれる部分から接地します。そして素早く親指の根元である母

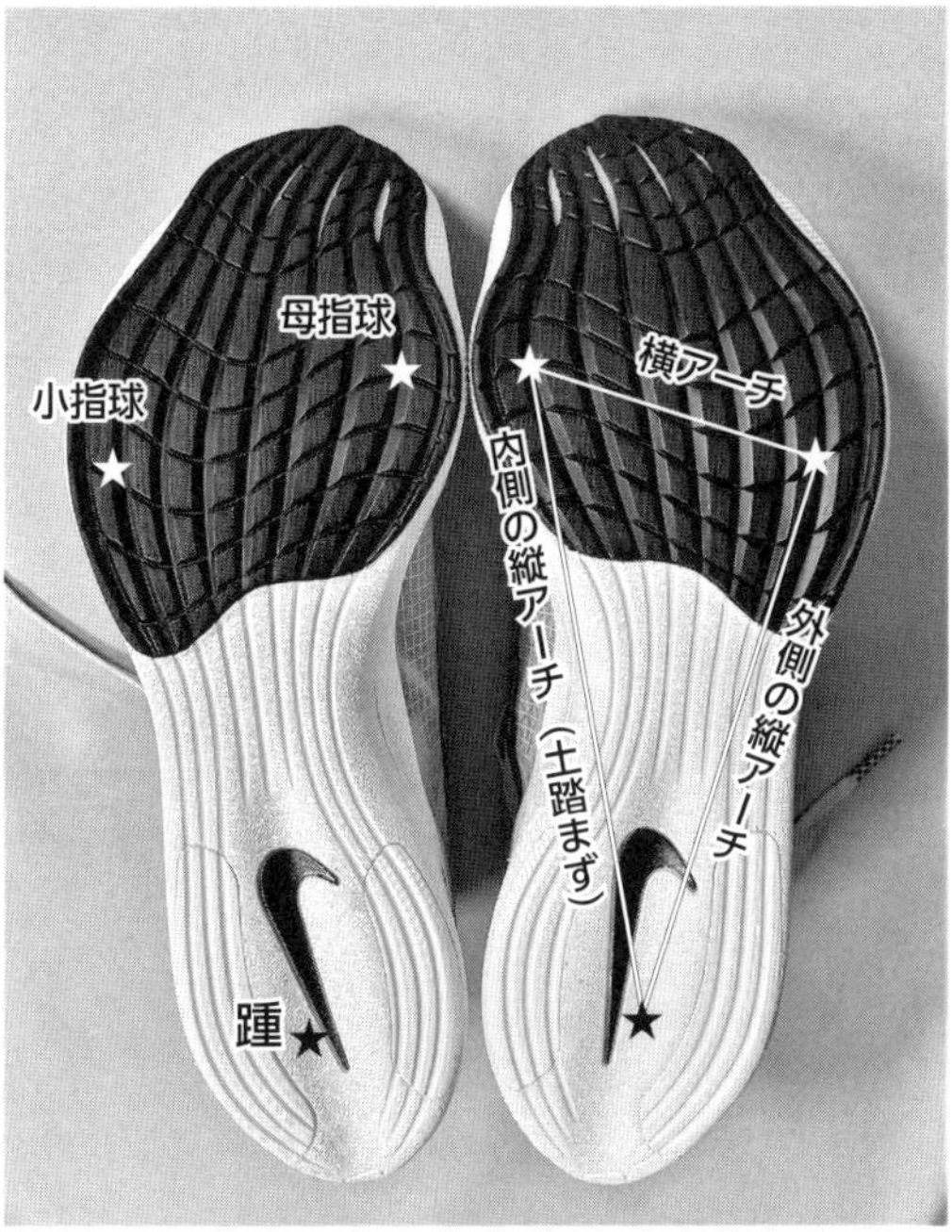

フォアフットで意識すべきは
小指球から母指球への横アーチのみ

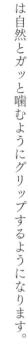

指球側に倒れ込みます。フォアフット走法の場合、小指球から母指球のラインのみ意識しましょう。踵は意識しなくて構いません。

フォアフット着地になると今まで踵が負担していた着地衝撃を小指球から母指球のアーチが負担することになります。というより前足部が踵に掛かる衝撃を弱めてくれるといった方がいいでしょう。小指球から母指球のラインを意識すると書きましたが、厳密には母指球ではありません。母指球にも重心ラインは掛かりますが正しくは小指球から母指球に体重が掛かる前に前方に重心が抜けていきます。おおよそ中指、人差し指側に抜けていく感じです。完全に母指球に荷重が掛かってから親指で離地するのでは遅すぎます。

踵の接地はハガキ一枚がスッと入る感覚

小指球が着地した時に小指球から踵に伸びる外側のアーチ、そして母指球に移動した時に母指球から踵に伸びる土踏まずのアーチには一切テンションは掛けません。ゆえに三つのアーチなんか意識はしなくてよいです。特にヴェイパーフライとズームフライシリーズは強固なプレートが入っており、小指球から母指球のラインの後方でスプーン状に折れ曲がっています。小指球－母指球ラインより踵側に荷重を戻すと、カーボンがつま先側を押し上げるようになり、重心移動がしにくくなってしまい、大きなブレーキ要素になります。

踵側に一旦荷重移動することによりズームXによる反発を最大限にもらえるという印象もあるでしょうけれど、その反発をもらうには一旦沈み込まなくてはいけません。わざわざ後ろ荷重にしてクッションをもらいにいくなんて時間の無駄。実際、キプチョゲ選手やファラー選手など超一流選手の挙動を見ていると踵部分は接地はするもののほぼ変形しないレベルです。踵は着いたか着かないか、軽く接地する程度であり、重心はあまり踵に掛かっていません。踵にハガキ一枚がスッと入る感覚とでもいいましょうか。小指球－母指球ラインに乗ったらすぐ前側に重心移動です。そうすることにより上体は早く重心移動ができます。また真下重心に近づく着地になればなるほど着地時に掛かる踵の重心、衝撃が減っていくと考えていいでしょう。スピードが速いランナーで最初から自然に踵が浮くような感覚ならばそれはそれでいいのだと思います。

フォアフット走法をつま先立ち走法と勘違いしてる人が多すぎる

トレイルランニングで一部の選手が踵を上げて登り道を走っている映像や、トラック競技の短中距離走の選手が踵を浮かせて走っている映像を観た印象が強いのか、フォアフット走法とは踵を上げて走るものだと誤解しているランナーが意外と多いです。トレイルランニングの登りは踵を着けるとふくらはぎが引き伸ばされます。その連続がふくらはぎの

競技用義足の板バネ形状（写真：吉村もと）

筋肉に大きなダメージを与えます。それを嫌がるランナーはわざと踵を上げてふくらはぎを伸ばさないで登ることを選択する場合があります。私もします。また足首の柔軟性の問題で急斜面の場合、踵が着かない場合がそもそもあります。

　パラリンピックに出場する義足のランナーたちに特化した競技用義足には着地する踵がありません。板バネの踵らしきカーブ部分は最初から浮いて走るように設計されているのです。立つ、歩く安定性に踵の存在は必要不可欠ですが、走りに特化した場合は立っている時の安定性をさほど必要としないためです。

　しかし板バネをたわませて反発させて大きな推進力を得るには非常に強靭かつ、しなやかなカーボン製のプラスチックが必要になります。つまりそれらを人間の踵に担わせよう、つまり踵を常に浮かせて走ろうとすると大きな負荷がアキレス腱や足底筋膜、ふくらはぎ

ナイキ ズーム スーパーフライエリート
サニブラウン・アブデル・ハキーム選手も履く陸上スパイク

に掛かるということです。

伸張性収縮を起こさせようとわざと踵を浮かせて走る必要は全くなし！

踵を着けないフォアフット走法の場合、ふくらはぎが引き伸ばされて筋肉と腱が一体となってバネのように動く、いわゆるストレッチ・ショートニング・サイクル（SSC）※が起きるから速く走れる、踵着地だと筋肉だけの動きになるから非効率。そう説明される場合がありますが間違っています。踵着地でもちゃんとSSCは起きています。SSCを起こさせるがためにわざと踵を浮かせて走る必要はありません。

そもそも短距離や中距離の選手は踵を浮かせようとして走っているわけではありません。短距離走のランナーに「踵を浮かせようとしていますか？」と質問するとキョトンとして「え、あんまり意識していないです」と返

※ストレッチ・ショートニング・サイクル……伸張—短縮サイクルとも呼ばれ、地面に接地する時にふくらはぎの筋肉とアキレス腱が強制的に引き伸ばされながら弾性エネルギーを溜めて、縮みながらキック動作を行なうことでより大きなパワーが発揮できるとされる。

されることがほとんどです。これは真下重心の着地がちゃんとできていて、速いスピードで走った結果、接地時間が短く、重心への乗り込みが瞬時なために踵が落ちる局面がないということなのです。そもそも短距離走用のスパイクシューズは踵が浮くハネ上げ形状の上に前足部にスパイクピンが装着されており、踵部分より5〜10㎜ほど高くなっています。

大迫傑選手のフォアフット走法

しかし長距離走でも踵が常に浮いているように見える大迫傑選手などごく一部のエリートランナーもいます。大迫選手は小指球着地が顕著で足首を固めてかなり捻られた角度で接地しているように見えます。あれを真似するにはかなり強靭なアキレス腱と足首を持っていないと難しいと思います。ましてや一般人がフルマラソンをゆっくりとしたスピードで走り切るのは耐え切れないと思います。長距離走でも踵を浮かせて走るにはある程度の条件を満たしていなくてはいけません。年齢が若く体重が軽い。さらに小中学生の段階からきちんと陸上競技部なりで正しい走動作をセンスよく身につけていること。それには正しい着地の位置も大切になります。そして生まれ持った足首の強さです。

ゆえにロードの長距離走ではフォアフット走法でも踵をちゃんと接地させて走っているランナーがほとんどになります。速度域もトラック競技より下がり、ロードのアスファルトにはトラック競技に使うゴムチップが張られたタータン舗装もないために、長い距離の着地衝撃がランナーの足の強さを上回る可能性が高いためです。

また小指球からの着地を意識しすぎてしまい、必要以上に斜めに足首を固めてしまうと小指球から小指、薬指側に重心が抜けてしまいアキレス腱を痛める場合があります。そんなことをしなくとも足裏は自然に小指球から地面に寄っていき、力んでいなければ接地した瞬間に母指球側に重心が移動しますから気にしなくてよろしいのです。

エリウド・キプチョゲ選手やモハメド・ファラー選手ですら踵は接地している

私はつま先や足首を固めてではなく自然に着地するようにしています。私の場合、踵は着かないように意識はしていませんが、踵は地面に対してうっすらとしか接していない感覚があります。大切なのは小指球−母指球ラインから足指側に抜けること。ふくらはぎや足首に余計なテンションを掛けないこと。世界トップクラスのランナー、エリウド・キプチョゲ選手やモハメド・ファラー選手ですら踵は接地しています。

真下重心ができておらず、前方に放り出すように着地しているのに踵を意識して浮かせようとするランナーは特に要注意です。ふくらはぎに力みが入ってアキレス腱や足底に負担を掛け続けることとなります。短い距離なら問題はないかもしれませんし、そっちの方がストライドは伸びるかもしれません。しかしおそらくアキレス腱痛に悩み、最終的には故障してしまうでしょう。

フォアフット走法はつま先立ち走法ではありません。そして踵浮かせ走法でもありません。あくまで前足部から先に着地する走法だと理解してください。

接地時間の短縮がフォアフット着地の一番の利点

私がフォアフット走法にして一番感じた利点は足の回転が速くなったことです。いわゆるピッチが高くなったのです。ピッチは1分間に何回着地するかで表示されますが、今はスマホでメトロノーム機能のアプリが豊富で、かなり自分のピッチの確認が容易になりました。もちろんGPSウォッチがあればそれに越したことはありません。街をジョグしている市民ランナーを見ていると150bpm※〜160bpmほどで走っているランナーが多いと思います。ですが180bpm以上を刻まないとSSCが消失して筋肉だけの重たい走りになりがちです。

この場合、足の着地回数（足の回転数）を増やそうと思うより、接地時間の短縮を意識するとピッチも自ずと高くなります。踵からつま先までを通過させるヒールストライク走法だと、足裏をローリングする時間がどうしてもタイムロスしがちです。またシューズの踵

※bpm=1分間の拍動の数（beats per minute の略）

部分が一旦沈んでから前足部に移動するので反発が吸収されてしまいます。

「いや、俺は踵着地でもかなり接地時間短いよ」という方は試しにメトロノームで400bpmを刻ませてその場駆け足風に前進してみてください。踵着地ではまずできません。フォアフット着地にするとかなり楽になると思います。

接地時間の短縮を苦もなくできるというのはフォアフット走法の大きな利点の一つだと思います。

タッピング動作は消失させるしかない！

フォアフット走法は前提条件として踵着地であるヒールストライク走法より、厳密な真下重心での着地が求められます。今までロッキングチェアのように踵からつま先まで足裏を地面にローリングさせて走っていた人も多いでしょう。また指を動かせない窮屈な靴を履いてきた人は着地時に足の甲がグッとハネ上がり、足裏で地面を叩くような挙動が起きています。前から見ると着地する前に足裏がよく見えます。

フォアフット走法のセッティングとして、脛の前傾に気をつけてつま先がやや下を向くように着地します。短距離走、長距離走を問わずエリートランナーはタッピング動作が消失しています。その多くは足先を傾けるように地面に接地するようにしています。しかし本当にシューズのつま先から着地するわけではありません。つま先から入ろうと思ってもウインドラス機構が働き、放っておいても小指球付近から着地します。

重要なのはこの時に足先や足首の力が抜けていることです。力んで着地してしまうとウインドラス機構が働かなくなってしまいます。最初は意識してつま先の角度を調節しようとしてこわばってしまうかもしれませんが、基本的には脛の前傾が保たれていればおおよそ前足部着地になるはずです。人間の身体に自然に備わった動きを信じましょう。

美味しいフォアフット着地の位置を探れ！

ひと通りフォアフット走法にまつわる足裏の着地について書いてきましたが、一番大切であり、そして上手く伝えられないのは足裏のジャストミートポイントを見つける作業です。それはシューズごとに反発のポイントが少しずつ違いますし、人によって足裏の形状や足首の柔軟性、土踏まずのアーチ高などによって美味しい位置が微妙にズレるからです。地面に対して前スライドの感覚で接地しつつ、自分のレーススピードに近い領域でグリップするように調整して一番「パンッ」と後ろに膝下が弾かれる位置を探りましょう。

一番美味しい位置が見つかるとあまり筋力で走る感覚がなくなり、バランスもよくなるので上体の腕振りも楽になり、呼吸にも余裕ができるようになるはずです。そして何より大切なのは足裏の接地を意識するあまりに、接地時間の間にあれこれしようとしてしまうことです。

接地時間は一瞬です。大切なのは接地する前の遊脚の時点。遊脚の戻しと振り出しに重きをおきましょう。

焦るな！

今は私は走り出すと自然にフォアフット走法になりますが、実際に前スライド走法を試し始めて、試行錯誤し、これだと確信を得てインターバルやペース走で安定して使えるようになるまで3か月ほど掛かりました。56歳だからそのくらい掛かるのか、それが短いか長いか周りに同じようなタイミングでフォアフット走法を試した人がいないのでわかりません。

でもフォアフット走法がちゃんと身につくまでは少なくともそのくらいは掛かると思ってください。この本を読んだからといっていきなり走り出したらフォアフット走法になるとは思わないでください。また1回や2回試してうまくいかなかったからといって、すぐに諦めないでください。新しい身体操作はそう簡単に習得できるものではありません。また逆に運動センスがいい人はパッとできたりしますが、そのような場合は身体がその感触を忘れるのも早いものです。

あなたは今まで使わなかった新しい筋肉の部分を使って、足に今までにないタイミングで着地の衝撃を与えているのかもしれません。徐々に刺激に慣れていかないと重大な故障が待ち受けているかもしれません。最初はスローなジョグから。くれぐれも少しずつ慣らしていってください。

アルティメット
フォアフット
走動作まとめ
❶接地寸前期
股関節は深く曲がって着地させる（これが私の表現するところの腰低意識）。グラつかない股関節筋群は必要。

シザース動作にメリハリを出すためにも膝の振り出しは速く大きくを意識する。

接地前に膝を固めない。膝は曲げたまま着地する。フォアフット着地の場合、かなり深く曲がっていてよい。それが脛の前傾に繋がり、接地に余裕度を作り出す。

脛は接地時に膝より前に出さない（後傾しない）意識を持つ。

接地前に足首を固めない。

足先はタッピング動作を入れない（ハネ上がらない）ようにして前足部の小指球から接地する。

ASK

アルティメット フォアフット 走動作まとめ
❷接地重心期

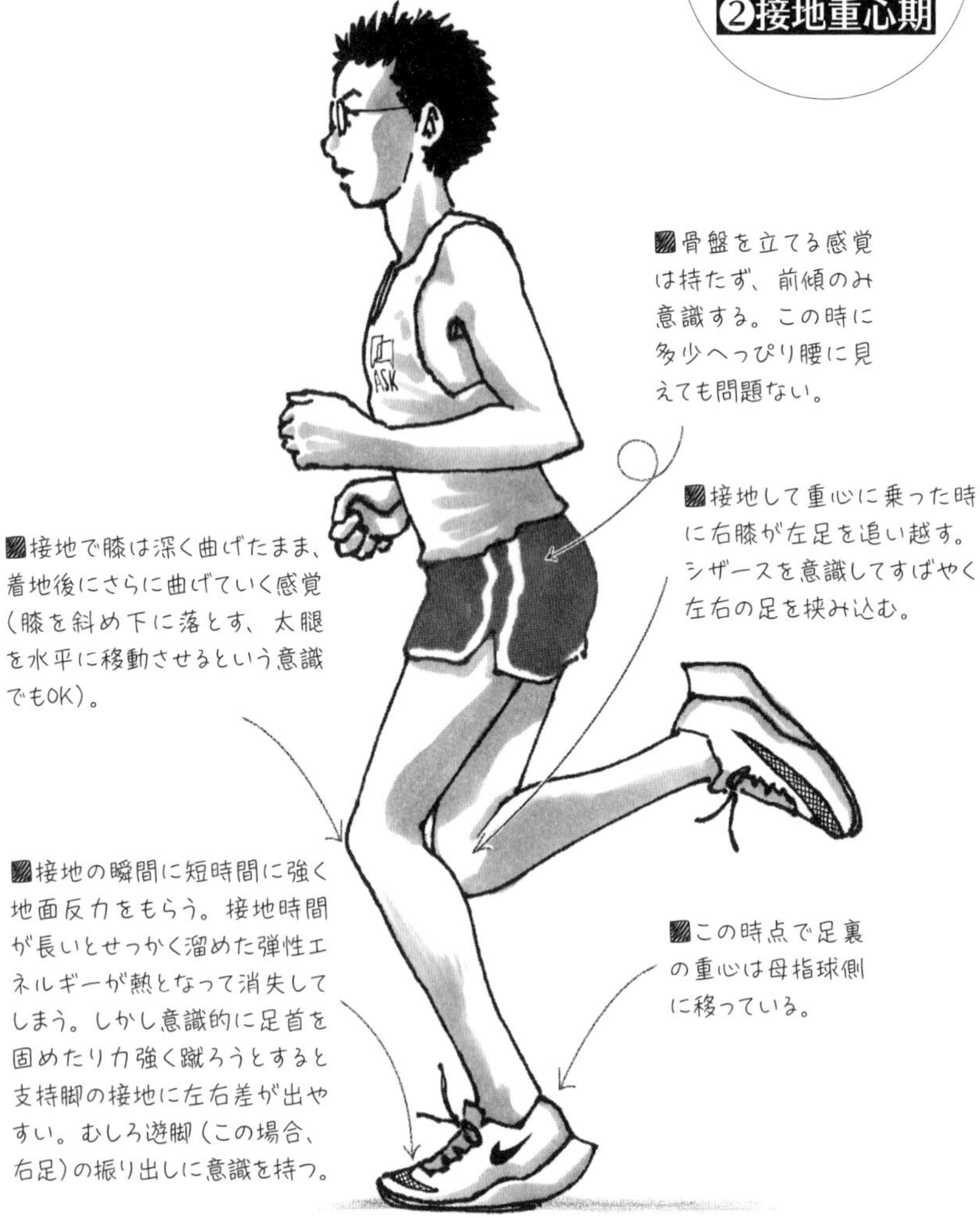
■骨盤を立てる感覚は持たず、前傾のみ意識する。この時に多少へっぴり腰に見えても問題ない。
■接地して重心に乗った時に右膝が左足を追い越す。シザースを意識してすばやく左右の足を挟み込む。
■接地で膝は深く曲げたまま、着地後にさらに曲げていく感覚（膝を斜め下に落とす、太腿を水平に移動させるという意識でもOK）。
■接地の瞬間に短時間に強く地面反力をもらう。接地時間が長いとせっかく溜めた弾性エネルギーが熱となって消失してしまう。しかし意識的に足首を固めたり力強く蹴ろうとすると支持脚の接地に左右差が出やすい。むしろ遊脚（この場合、右足）の振り出しに意識を持つ。
■この時点で足裏の重心は母指球側に移っている。

アルティメット フォアフット 走動作まとめ ③離地寸前期

▨腰は水平に移動する感覚を持つ。伸び切って無駄な上下動を作らない。

▨重心は足先に移り人差し指から中指あたりで抜けていく。離地を残す意識は必要ない。足首で蹴り出さない。

▨膝はスクワットのように上に伸ばそうとしない。一旦沈み込んで蹴り出すのは無駄な動き。膝の角度はほぼ変わらずに足は後ろに勝手に抜けていく。

アルティメットフォアフット走動作まとめ ④離地期

第7章

ヴェイパーフライ 4% から探る足本来の動き

ヴェイパーフライ4%は極めて有益なアドバイスを足に与えてくれる

ヴェイパーフライシリーズはナイキが作り出した極めて人工的なシューズという印象ですが、豊富な研究資金とバイオメカニクスからのフィードバックを経て作られたために接地感覚に対して良くも悪くも極めて有益なアドバイスをランナーにもたらしてくれるシューズになっていると考えています。「そない着地したらあかんがな！」「すぐ母指球に重心移動やで！」「この音よ〜く聞いときや！」。例えは悪いかもしれませんが、それはもう関西のお節介なオバちゃんみたいに（ナイキ本社は米国ですが……笑）。

自然な着地を促しますという宣伝文句のシューズはたくさんありますが、それらの多くは幻想に過ぎません。私はヴェイパーフライ4%を履いたおかげでフォアフット着地に加えて様々な足の動きを再認識できました。そして他のレーシングシューズの接地感も大きく改善されました。厚底シューズ、薄底シューズ、いずれを履くにせよ、人間本来の足の動きを全ランナーは知っておくべきだと思います。

やはりヴェイパーフライ4%はフォアフット用に作られたシューズにしか思えない

ナイキの広報動画によるとヴェイパーフライ4%はフォアフット着地、ミッドフット着地、踵着地、あらゆる着地に対してランニングエコノミーを改善可能だと言っています。ナイキはコロラド大学ボルダー校に依頼してヴェイパーフライ4%の各着地に対するランニングエコノミーを調べました。ランニングエコノミーは同じ速度で走らせて酸素消費量の差で比較することができます。それによるとヴェイパーフライ4%の省エネ効果はミッドフットやフォアフット走法のランナーと比べるとわずかですが、なんとヒールストライク走法（踵着地）のランナーが一番改善されたというのです。

しかしその調査にはおそらく裏があります。研究チームは31分以内に10㎞を走れるという条件でランナーを18人選考しました。つまり1㎞あたり3分6秒以内で10㎞走れる極めて高いレベルのランナーの集団です。踵着地といってもかなり接地時間の短い大学生エリート選手を集めたと思われます。

キプチョゲ選手「トラックを走るスパイクのような感覚でフルマラソンを走れるシューズが欲しい」

そもそも私の疑問はヴェイパーフライ4%のアウトソールにあります。靴底の黒い部分がアウトソール。ゴム素材で耐久性がありますが、そのぶん重さがあります。白の部分がミッドソールです。ミッドソールは柔らかく軽いですが、地面との接触でいとも簡単に削

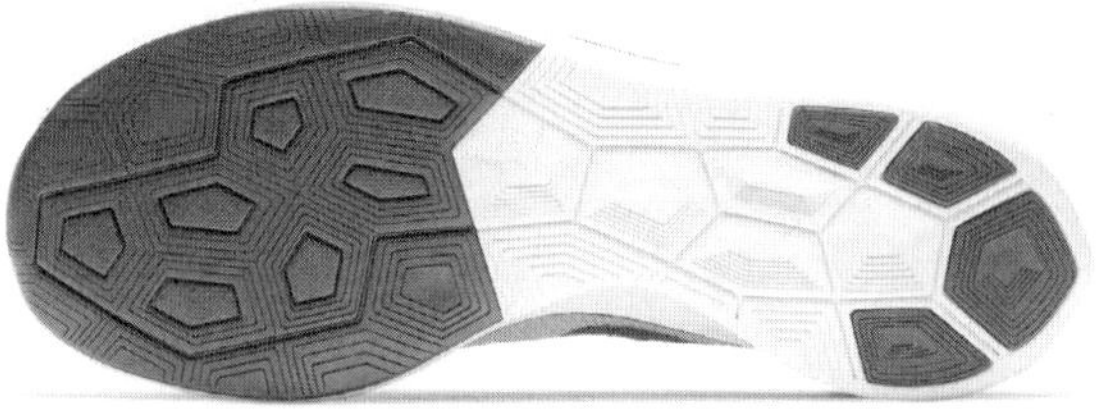

ナイキ ヴェイパーフライ 4%のソール

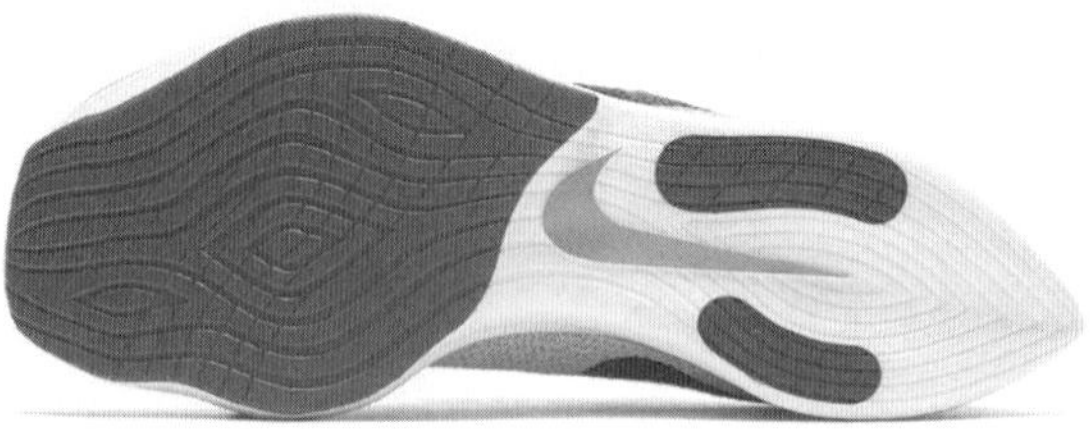

ナイキ ヴェイパーフライエリートのソール

られてしまいます。ご覧のようにヴェイパーフライ4％は前足部に大きくアウトソールが敷かれており、ヒールの部分は踵の真ん中に最小限にとどめられています。普通ならアウトソールの削れにくいゴムは一番削れるであろう踵の外側に配置するのです。

　どの着地にも対応可能というのなら、なぜアウトソールが踵部分に最小限度にしかついていないのでしょう。エリウド・キプチョゲ選手ら世界のエリート選手向けのヴェイパーフライエリートに関して言えば剥き出しのミッドソールにアウトソールは踵に2か所ちょんちょんと申し訳程度についているのみ。次世代のＮＥＸＴ％もほぼエリートと同じ配置で2か所。ヴェイパーフライ4％は四つに増えるものの最小限度といった感。

廉価版であるズームフライですら五つの小さなゴムが点在している程度です。

さらに次世代のズームフライ3はNEXT%と同じく踵のアウトソールは2か所のみに減りました。以前ヴェイパーフライ4%を手に入れたマラソン完走5時間台のランナーが1回フルを走ったヴェイパーフライ4%の足裏の写真を掲載して「こんなに踵が削れてしまった。これはもう不良品だ！」とナイキに連絡して、カスタマーセンターからの困惑気味の回答を掲載したブログを読んだことがありますが、地面反力をピンポイントでもらえずバラけてしまう経験の浅いランナーが履いたらすぐに踵部分は大きく削られてしまいます。

しかもズームXフォーム

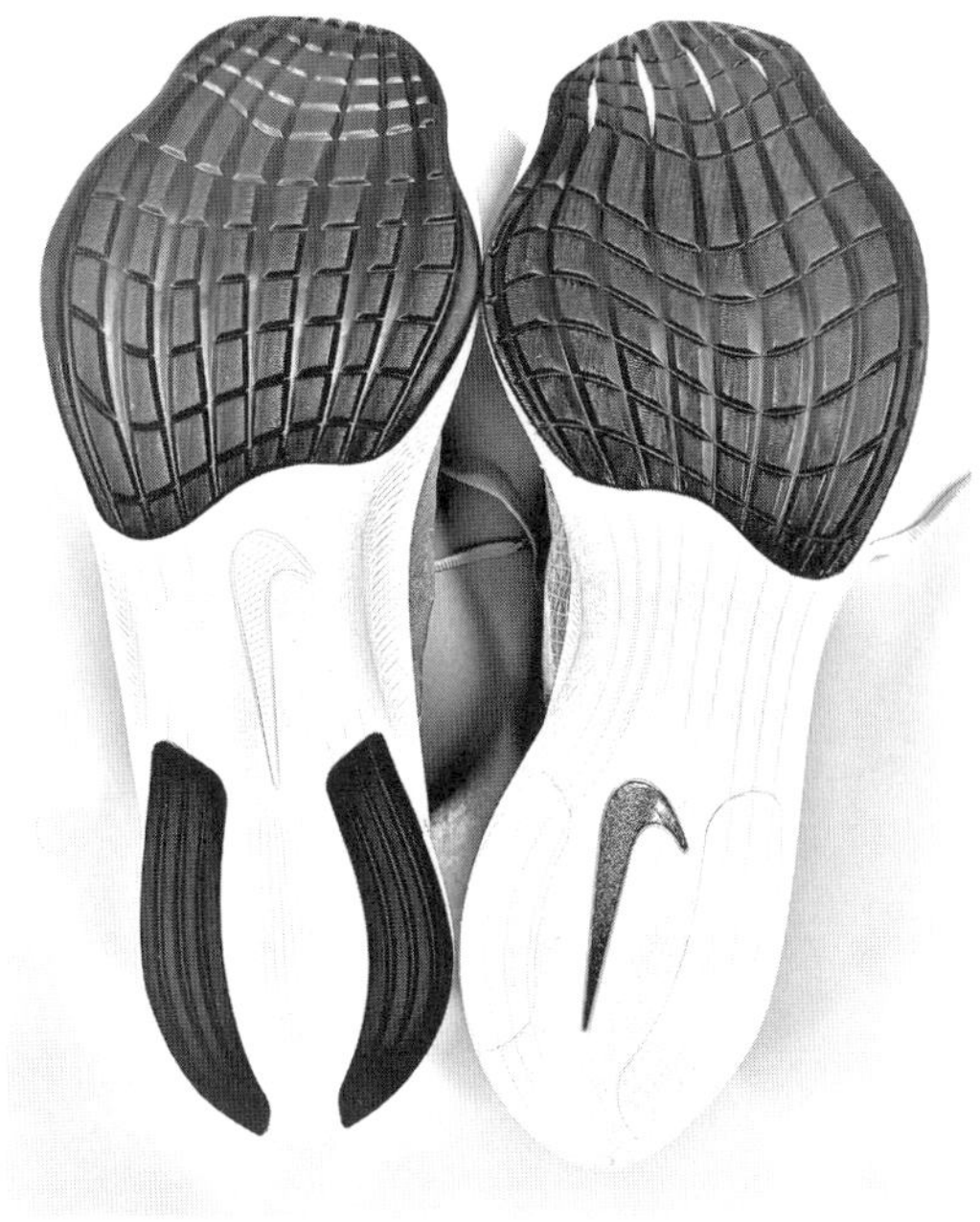

ナイキ ズームフライ3（左）と
ナイキ ヴェイパーフライNEXT%（右）のソール

次世代のズームフライ3(左)に比べてNEXT%（右）はやや前足部のアウトソール面積が広く、踵部分は狭い。両者に共通するのは前足部の強烈なグリップの白いコーティングフィルムの中は脆《もろ》い発泡スポンジでボロボロと欠けやすい代物。3万円近くもするシューズが1回のマラソンでおしまいになるのは残念ですね。

キプチョゲ選手が語っていた開発陣へのリクエストも思い起こされます。「陸上トラックを走るスパイクのような感覚でフルマラソンを走れるシューズが欲しい」。もちろんスパイクシューズは前足部にしかスパイクピンはついておらず、フォアフット着地でないと反発が起きず速く走れません。どう考えたってヴェイパーフライシリーズはフォアフット寄りの着地を前提に作られた靴です。踵着地だとかなり接地感覚が磨かれたランナーでないと地面反力がばらけてしまい、かなり走りにくいと思います。

ヴェイパーフライ4%は前足部のグリップが命

よくある誤解なのですがランニングシューズはアウトソールの凸凹の横方向のグリップで地面を引っ掛けるようにして前に進んでいるのではありません。足は真下に地面を押しているので主に縦方向の反発が生まれるのです。陸上競技用のスパイクピンもまた横に引っ掛けるためではなく、ゴムチップが敷かれた陸上トラックにおいて縦方向の反発を最大限に得るためにあります。

ご存知のように多くの薄底ランニングシューズのアウトソールは硬質プラスチックの小

さな突起物がたくさん貼られています。メーカーごとに呼び名は違うのですが、アシックスだとデュオソールといったりします。あれはトラック用スパイクと同じ縦方向の反発の役目をアスファルトの道路で果たすためのものです。もちろんナイキも以前のランニングシューズには多く採用していました。

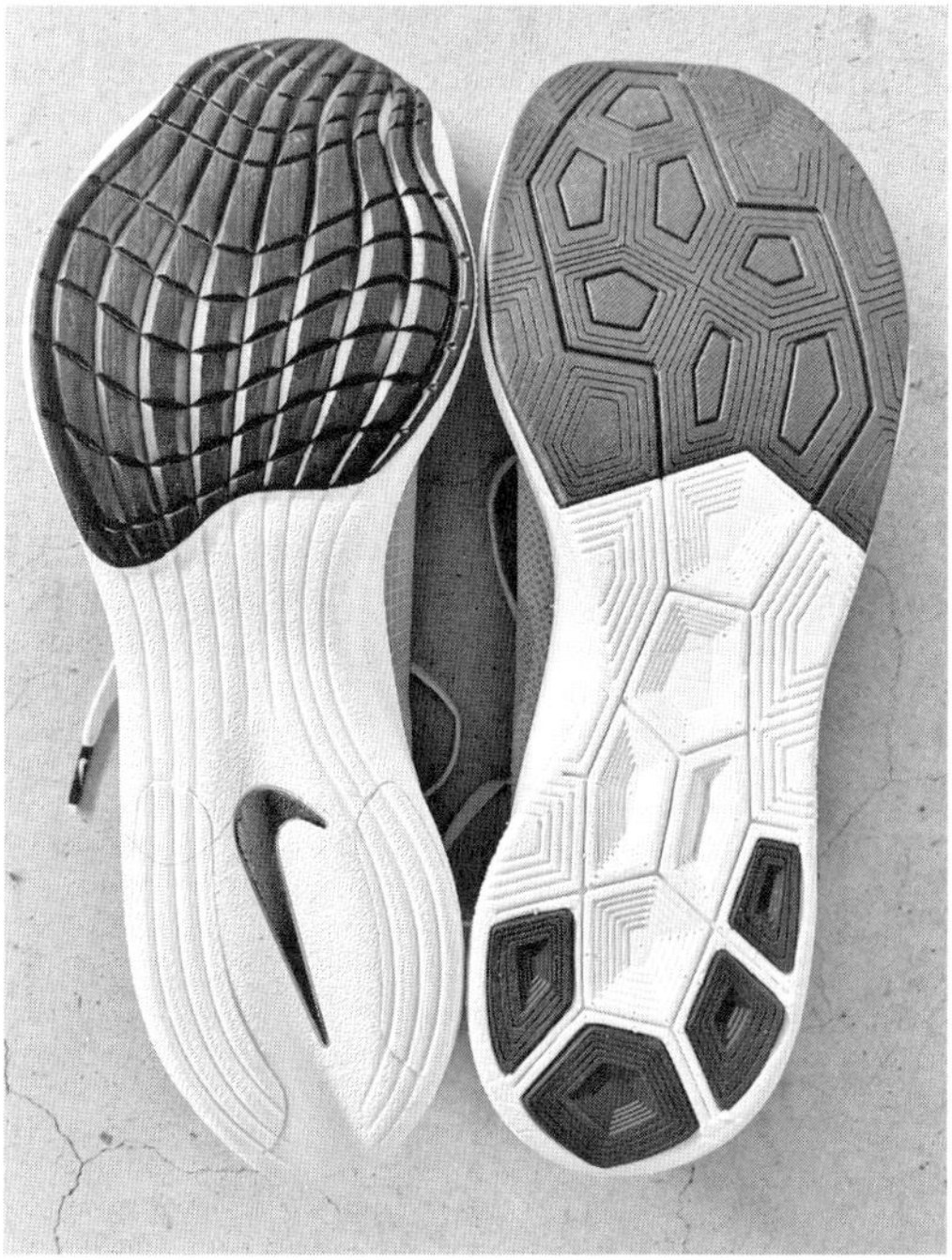

ナイキ ヴェイパーフライNEXT%（左）とナイキ ヴェイパーフライ4%（右）のソール

4%（右）に比べてNEXT%（左）はよりフォアフット走法前提のアウトソールになり、前足部のトレッドパターンが深くなって全天候型に進化した

真上から着地して反発を得るにはあの硬質プラスチックのソールは有効です。しかし斜め方向から入るとその硬さゆえに舗装路では横滑りを簡単に起こします。ズームフライやヴェイパーフライシリーズはどうして主要メーカーが採用してい

る軽量の硬質プラスチックを採用せず全面重たいゴムを配置したのでしょうか。それは路面のグリップを最大限に得るにはスカスカの硬質プラスチックより全面ゴムの方がよいからです。硬質プラスチックは地面の反発をうまくもらうのには適していますが、横方向のグリップは柔らかいゴムの方が歪むように地面を捉えるので断然勝ります。F1カーのスリックタイヤを思い起こしてみてください。雨が降らない限り溝もありません。フォアフット走法で最大限に地面の反発を得るにはまず前足部をがっちりグリップさせる必要があるとナイキ開発陣は考えたのではないでしょうか。そして次世代のNEXT%はさらに前足部のグリップが路面に吸いつくがごとく上がっています。

そもそもなぜあんなに厚底なのか

さらなる疑問点は「そもそもなぜ厚底なのか?」という点です。ヴェイパーフライ4%のあの構造をそのままにもう少し薄底にすれば、もっとグラつきを抑えられて軽量化もできたはずです。そしてランニングエコノミーはより向上すると思われます。しかしナイキ開発陣はなぜそうしなかったのか?

長距離トラック競技の帝王といえば5000m(2004年)、10000m(2005年)の世界記録を15年以上保持しているエチオピアの英雄ケネニサ・ベケレ選手でしょう。

彼はトラック競技を引退した後にフルマラソンに挑戦し始めました。２０１６年ベルリンマラソンにおいて2時間3分3秒という世界歴代3位（当時）となる記録を打ち立てましたが、一方、故障が多くＤＮＳも数多くあります。２０１９年の東京マラソンもベケレは出走予定でしたが怪我のためにＤＮＳ。

彼は２０１５年におけるインタビュー※でとても興味深いことを語っています。「アキレス腱とふくらはぎの筋肉損傷が長年ありました。まだトラックでレースをしていた時にすでに予兆はあったので、私はマラソンに乗り換えようとして怪我をしたとは言えません。しかしマラソン挑戦の後に怪我は悪化して回復は非常に困難になっています。私の怪我はすべてに影響を及ぼし始めました。走れなかったし、トレーニングも積めなかった。もちろんレースにも出場できませんでした。陸上競技場のゴムチップが敷かれたトラック上で、フォアフット接地で強いインパクトを伴ったストライド走法は何の問題もなかったのです。しかしフルマラソンにおいては42㎞ものあいだ硬い舗装路面をジャンプし続けることと同じであり、それはまさに足の破壊を意味します。フルマラソンを走るにはもっと低く走らなくてはいけません。トラック上の短い距離と舗装道路上の長い距離では戦術が異なっていくのです」

ケニア人選手は練習でも舗装路を走りたがらず、路面が不整でもいいから柔らかい土道

※http://www.livemint.com/Leisure/BLZHEQ5xznDR731qnUtleJ/Kenenisa-Bekeles-marathon-dreams.html

を走ろうとします。そして練習ではヴェイパーフライ4%が出現する以前からなるべく厚底のシューズを履くことを好んでいました。ケニアに視察に行ったランニング指導者が「裸足で走っていると思ったら厚底シューズばかり選んで履いているんでビックリした。とにかく彼らは厚底シューズを履きたがるんです」と語った逸話があります。ヴェイパーフライ4%を履くとグニャグニャとした踵部分の剛性のなさは誰でも感じられると思います。選手のリクエストから、安定性と軽さを犠牲にしてまでナイキ開発陣はある点にこだわったのではないでしょうか。それは筋損傷を抑えること。フルマラソンの後半で足が重たくなる現象は筋グリコーゲンの枯渇や疲労であるという研究も多いですが、やはり大きな理由は着地衝撃により下肢の筋肉に微細な筋損傷が起きて、それらがマラソンの後半の失速を招くのです。それは我々、市民ランナーだけでなく、トラック長距離で一時代を築いたケネニサ・ベケレやモハメド・ファラー、そして現在のマラソンの帝王エリウド・キプチョゲほどのトップアスリートであっても平等に訪れるということです。

走る時に踵部分に安定性は求める必要がない

よい接地感覚を獲得するには裸足で走るのがいいといわれますが、走る環境があるのなら私は体育館などツルツルの床面を靴下を履いて走るのがいいと思っています。裸足で舗装路を走っても、痛さゆえに速く走れないし、グリップしてしまい足本来の動きが出せません。砂浜や砂利道だと凹凸も多く、地面反力を受ける感覚が身につきません。平坦で足裏が少し滑るようなサーフェスの方がフォアフット着地を安全に身につけるのにも適しています。

左の図は着地時に後ろから右足の踵を見た人間の骨格の動きです。哺乳類は脛の部分に2本の骨、脛骨と腓骨が連なっていますが、そのうち脛骨にしか体重は掛かりません。そこで重心を見てみると、おかしな事実に気がつきます。脛骨の下に距骨がありますが、その下の踵部分にある踵骨は脛骨の重心点から斜めにズレているのです。つまり地面に足が着いて、脛骨から体重が掛かり始めると距骨が内側に倒れ込み、伴って踵骨が矢印側に動き土踏まずが潰れます。

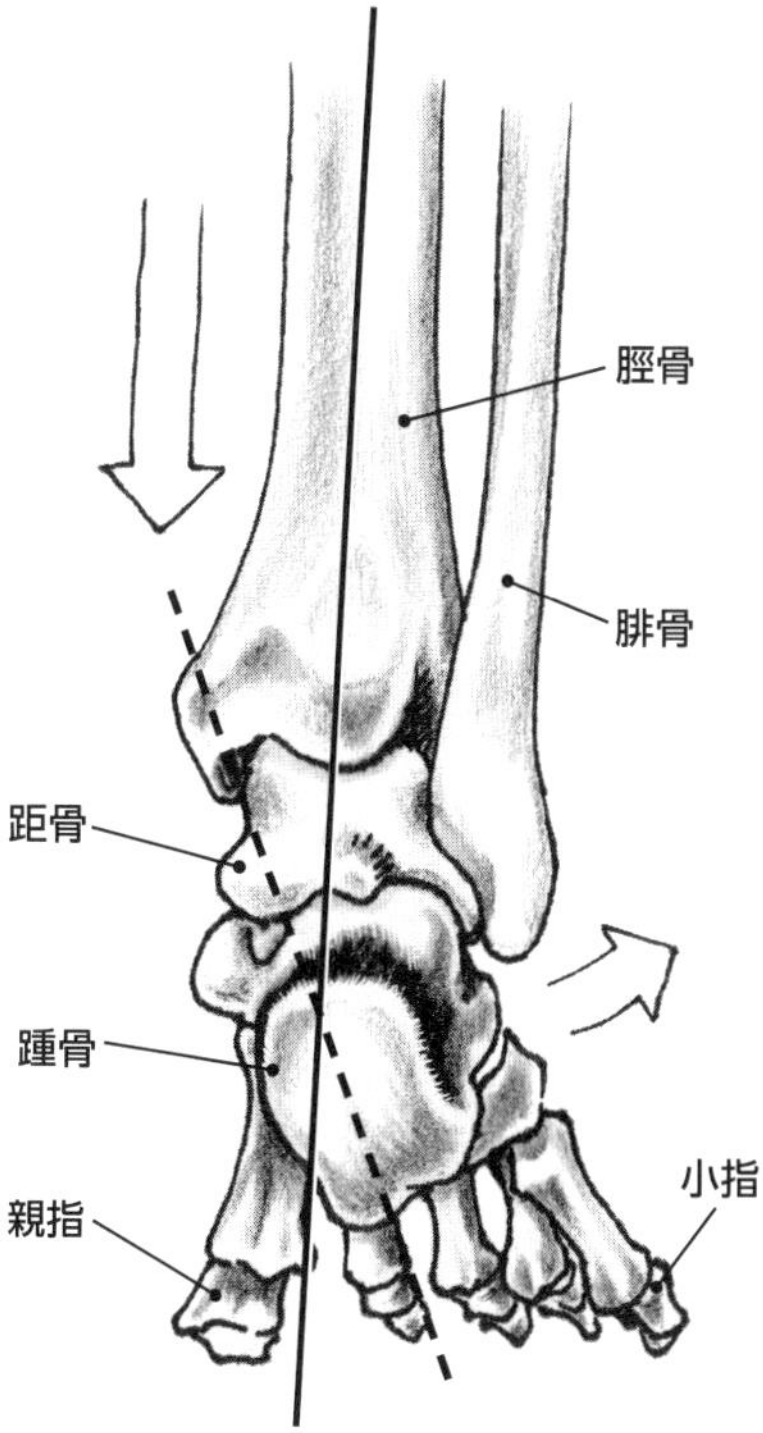

着地時の右足の骨格の動き（後ろから）

人間の踵の骨は斜めに動くようについている

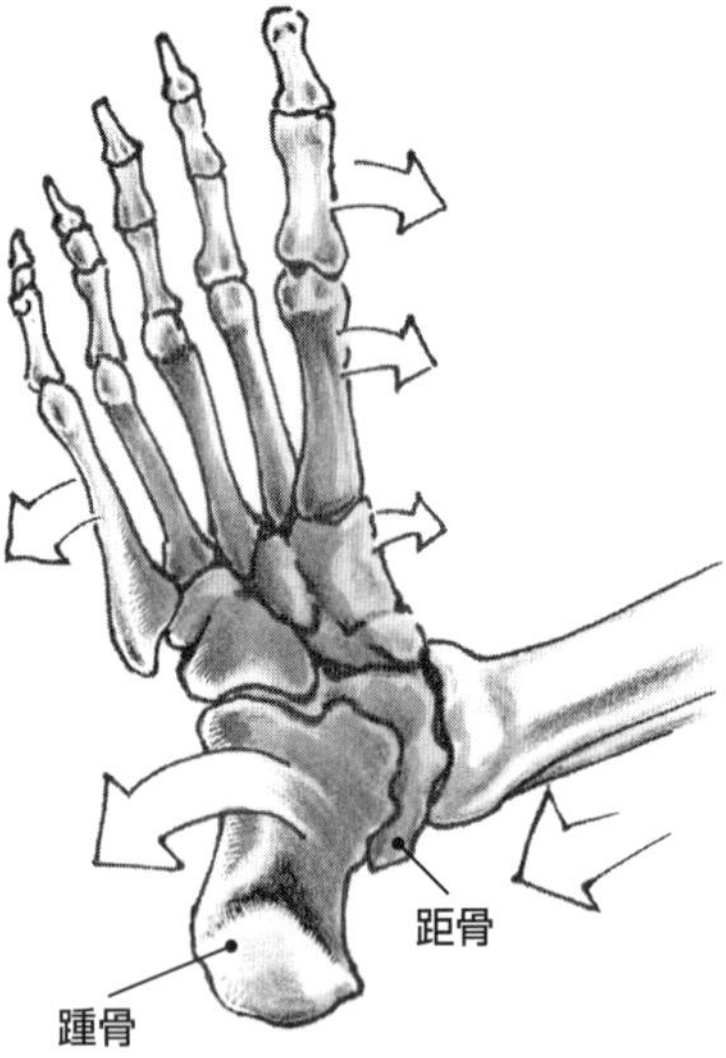

着地時の右足の骨格の動き
（下から）

別角度から見てみましょう。上の図は右足裏から見た足の骨格の動きです。地面に着地して体重が掛かると足裏は矢印の方向にひろがります。踵部分の踵骨も矢印側に動いて土踏まずが潰れるのです。そもそもこの踵骨は地面に水平な面がありません。そして踵自体もどちらかというと丸いですよね。果たして神さまは人間の二足歩行で一歩一歩を安定させるように斜めの踵を作ったのでしょうか？

踵は内側に倒れ込むよう動いて走るのが当たり前

驚くことに踵は内側に倒れ込むように動いて走るのが自然なのです。そして左ページの図は着地時の人間の右足の骨格を横から見たものです。内側に押し出された距骨は舟状骨や楔状骨をひろげて、その結果、土踏まずのアーチが潰れながら前後に伸びます。着地衝撃を逃がしながら、元に戻ろうとすることで弾性エネルギーが発揮されて離地しやすくし

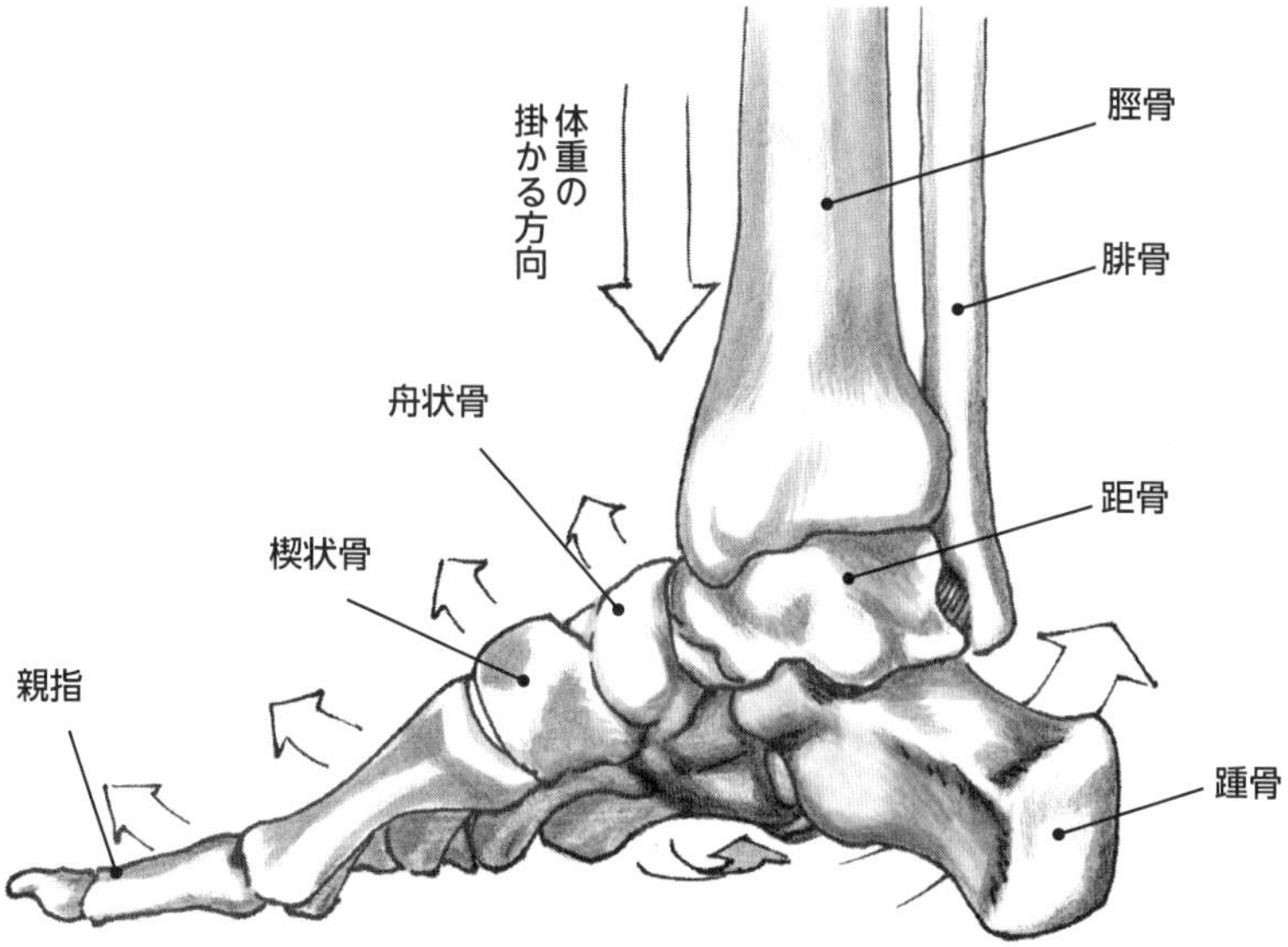

着地時の右足の骨格の動き（横から）

ます。そうです、人間の足は本来まっすぐ着地するようにできておらず、土踏まず側に倒れ込んで着地するのです。回内動作（プロネーション）は自然な動きであって、土踏まずが潰れるのも自然な動きなのです。

土踏まずのアーチの頂上に舟状骨がありますが、外見上、土踏まずがない扁平足でも、体重を掛けた状態でレントゲンを撮って地面と舟状骨との間に距離があればそれは扁平足ではありません。土踏まずが落ちないように硬いアーチサポートのある靴やインソール矯正をするのは愚の骨頂といえます。そもそもインソールは治癒ではなく対処です。骨折して、周りを石膏ボードで固めて動かなくすれば痛みは弱まりますが、その後に明らかな拘縮や筋肉のやせ細りを

陸上用スパイクの踵部分

速く走るために無駄はそぎ落とされた陸上用スパイクの踵部分は丸く作られている
(写真：NIKE WEBサイトより)

招きます。アーチサポートの盛り上がりが土踏まず本来の動き、そして足本来の動きを失わせることになります。

陸上競技用スパイクから見えてくる真実

陸上競技用のスパイクピンのついたシューズを履いたことのある人は、マラソンをする市民ランナーでもごく少数かもしれませんね。履いてみるとビックリすると思います。前足部には金属のスパイクピンがせり出しており、コンクリート路面ではカツンカツンと硬質な金属音が響きます。ゴムチップがついたトラックを走っている時だけ活用できるシューズです。そして上の写真の通り踵は丸いのです。クッションのゴムはほぼついていません。立ってる時に安定感はありません。つま先のピン高もありそもそも踵が地面に着地する設定ではないのです。陸上トラックで速く走るためだけに、自己ベストを叩き出すために、オリンピックに出場するために、勝つために無駄をそぎ落としたシュイプと言っていいと思います。これが足本来の速く走るという機能に特化したレーシングシューズなのです。

そこで皆さんは疑問に思われたかもしれません。

今履いているランニングシューズ（に限らず靴）の踵ってほとんどが水平で角がしっかりあって安定性抜群だよねと。大体オーバープロネーションやらサピネーション※対策として足が斜めにブレて着地しないように、ランニングシューズというものは水平に着地するようにできているじゃないですかと。ランニングの講習会でも水平に足は着地して走りましょうって習いましたよって。

なぜ人間の踵自体は丸いのにシューズメーカーは角ばったヒールのシューズを作り続けているのでしょうか。一見しっかりとしたヒールの方が安定感があっていいと思われますが、考えてみてください。犬や猫に角ばったしっかりとした底の靴を履かせたら動物本来の歩き方や走り方ができなくなって、途端にギクシャクし出しそうと思いませんか？

足は捻じれストレスを骨盤から受けて走るのが本来の姿

走る場合、足裏は骨盤の動きの影響をダイレクトに受けます。骨盤の下で足がブランブラン前後に動いているわけではないのです。骨盤の横に股関節はついており、円運動をし

※サピネーション……普段から足首が外側に倒れ込んでいる状態。いわゆる足首を捻りやすい方向と同じなので自分はサピネーションだと考える人が多いがそうではない。

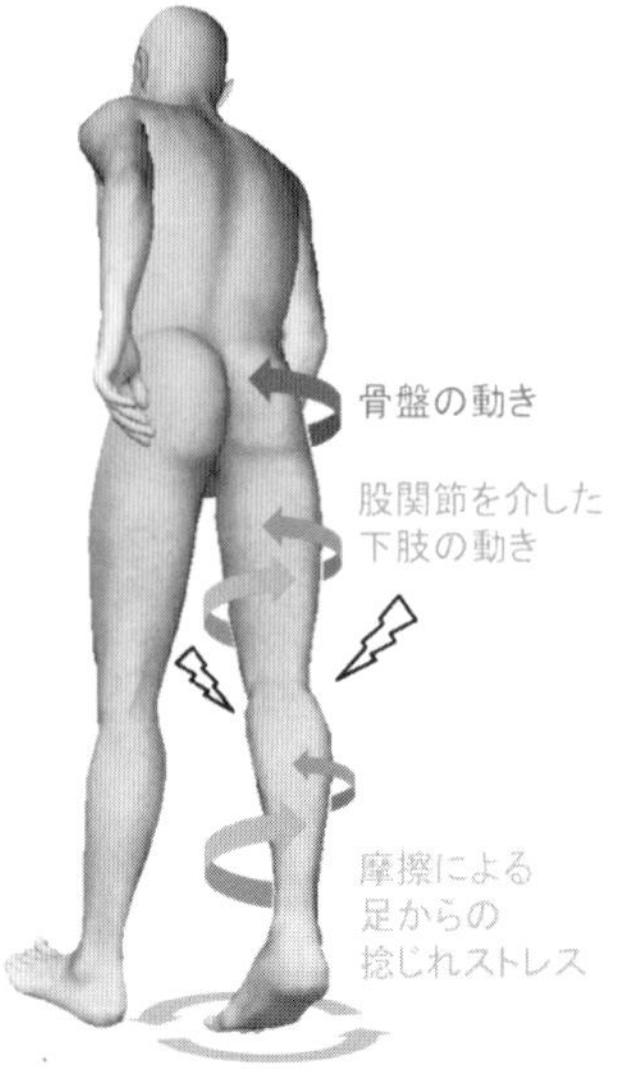

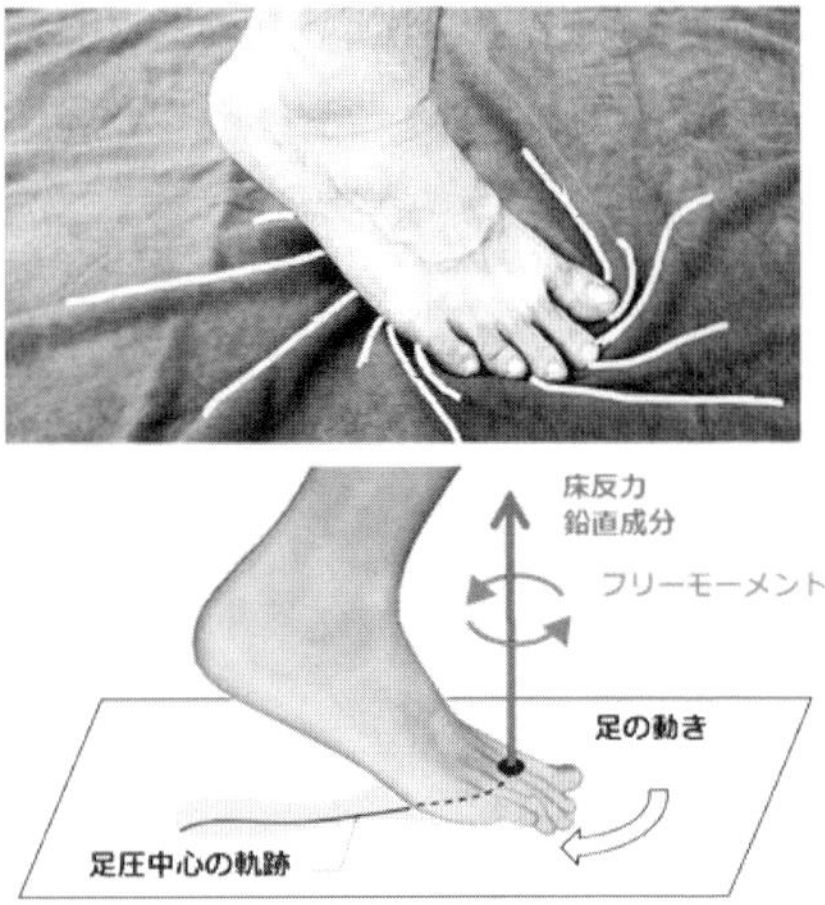

骨盤の動きに連動して
足は捻じれストレスが掛かる

ながら足は振り出されます。上の図は※東京農工大学、帝京科学大学、文京学院大学、ＪＡＸＡの研究チームが、歩行中の足（下肢）に生じる「捻じれストレス」が、骨盤の捻じれ量に相関することを明らかにした研究です。実は足底の動きと股関節の動きが密接に連動していたのです。人間の身体を各パーツ単位で考えるだけでなく全体としてとらえる必要性を示しています。

　この研究ではこの捻じれストレスを足裏まで伝えないようにするには股関節の柔軟性を高めようという方向性でしたが、私は股関節から足裏まで伝わる動きはむしろ自然な動作そのものだと思っています。伝えないで止めようとする方がどうかしています。人間が走る時は水平に足裏を着地させてまっすぐペタ

出典：下肢に生じる捻じれストレスが高まってしまう歩き方を解明（国立大学法人東京農工大学・帝京科学大学・文京学院大学・国立研究開発法人宇宙航空研究開発機構）
https://www.tuat.ac.jp/outline/disclosure/pressrelease/2017/20171019_01.html

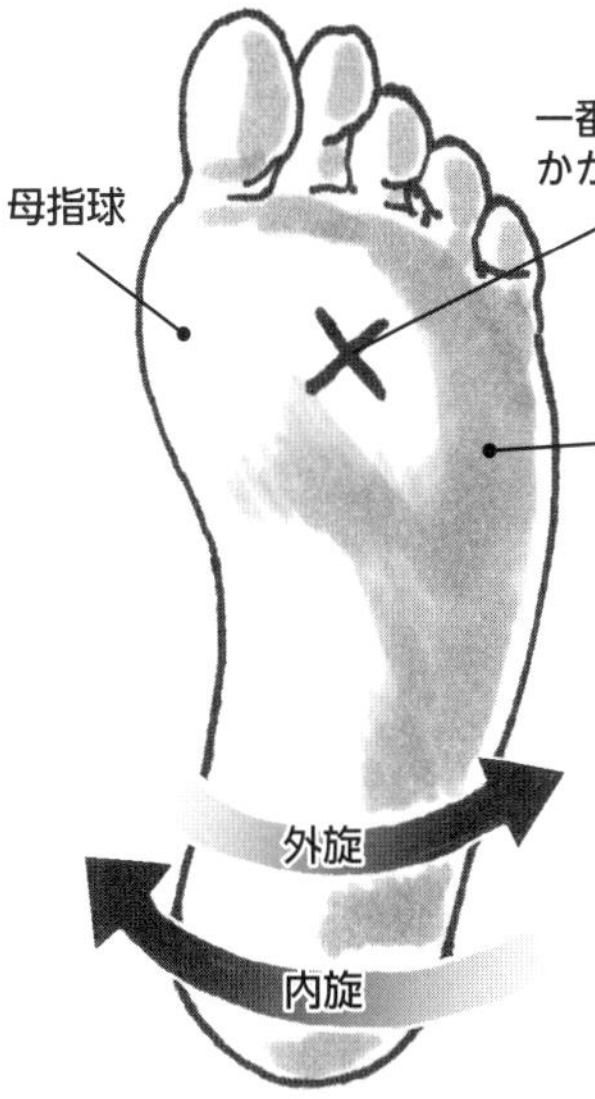

走行時に踵は
絶えず円運動をしている

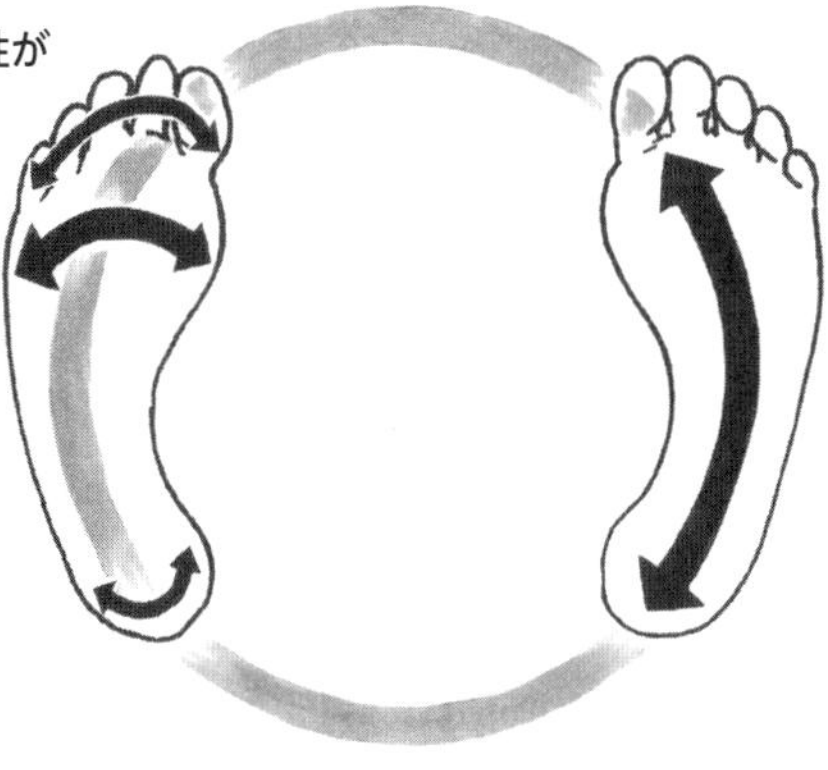
そもそも足裏は円の集合体

ペタと前進しているのではなく、股関節が生み出した捻じれストレスを使って足を回転させながら走っているのです。

足底は股関節の動きにリンクして円運動をしながら着地と離地を繰り返すことになります。具体的には足は外側から着地して土踏まずを潰しながら母指球側に重心が移り、踵がグリンと内旋します。そして母指球から足先の中指側に重心が抜けていくとともに逆回転に切り替わり、踵は外旋しながら離地します。つまり踵は勢いよく内側に入り、そして離地とともに外側に回ります。小指球から母指球の中間付近は地面に捻じれて着地して離地するという負担が起きます。走るスピードを上げれば上げるほどこの動きはハッキリと表れます。研究では歩行時に床に布を敷いて、捻じれてシワができることで足裏に捻じれストレスが起きていることを明らかにしていますが、シューズの場合はグリップ力が勝ってしまうので踵が動き回るような挙動は弱まります。しかし実際には捻じれストレスは起きているのです。

足裏でむしろ意識すべきは横アーチのライン

足裏には三つのアーチがあります。小指球から踵、母指球から踵、そして小指球から母指球のラインです。ヴェイパーフライ4％を履く場合、踵からつま先の縦のローリングはほとんど意識する必要はないと思っています。エリートランナーがヴェイパーフライ4％を履いて走っている挙動を見ると、ミッドソールは小指球側はあまり変形しないのに母指球側は厚みがほぼ見えなくなるほど潰れています。ヴェイパーフライ4％は小指球着地からすぐに母指球に重心の移動を促すように、押してみると母指球側のミッドソールが柔らかく作られています。回内動作（プロネーション）は足が曲がって着地するので足首によくないと倒れ込み防止にシューズの土踏まず部分をわざわざ固めるシューズもあるのに全くの逆の方向性です。そして2019年7月に発売されたヴェイパーフライＮＥＸＴ％はさらにその傾向が強くなっています。驚くほど小指球から母指球に倒れ込むようなガイダン

ヴェイパーフライNEXT%（左）と
ヴェイパーフライ4%（右）の前足部を正面から

NEXT%はVF4%より小指球から母指球へのガイダンスが顕著。それはアウトソールが内側に抜ける先端の形状からも一目瞭然

スラインの感覚が大きく感じられます。これもまたバイオメカニクスからの提言なのだと思います。実際、私は走っている時に骨盤の動きに連動するのは、小指球から母指球への横アーチのラインのみだと思っています。つまりヴェイパーフライ4％は足裏を縦に意識するのではなく、外から内への横のラインのみ意識するべきです。人間は走る時に骨盤から起きた捻じれストレスが足裏では横のラインで伝わっていくのです。それが人間本来の足の動きです。

ヴェイパーフライ4％はわざと踵部分の剛性を落としてある？

ヴェイパーフライ4％を履いた最初の違和感は踵部分の剛性のなさでした。初心者は踵部分がしっかりしていた方が安心感があるでしょう。実際、初心者ほど着地によるブレが大きくうまく重心移動ができない傾向にあります。ランニングシューズの場合、上級者向けになるほど踵部分が小さくなります。しかしソールの厚さも薄くなっていく傾向がありました。ヴェイパーフライ4％は着地衝撃による足の疲弊を抑えるために厚みは逆に増やしています。

ナイキの開発陣は踵の安定性に関してはフォアフット着地になると、人間本来の着地は内側に倒れ込んでプロネーションを起こすのが自然なのだから、踵部分のソールはかえってしっかりしていなくてよいと考えたのではないでしょうか。前足部のしっかり覆われたアウトソールに対して、頼りない踵部分の面積。ヴェイパーフライ4％と同程度の踵のアウトソール面積のランニングシューズも存在します。しかしそれらは主に踵の外側の角張った部分に位置しています。対してヴェイパーフライ4％のアウトソールは中央のみ。角の部分は柔らかいミッドソールが剥き出しになっています。なぜ摩耗を犠牲にしてまでそのような配置にしたのでしょう。

それはバイオメカニクスからの提言によって人間本来の足の動きを活かして走るには踵の角部分をアウトソールで固めず、横にブレるのをよしとしたように思えるのです。ヴェイパーフライ4％は踵の捻じれストレスに対してはわざと歪むように作られている。柔ら

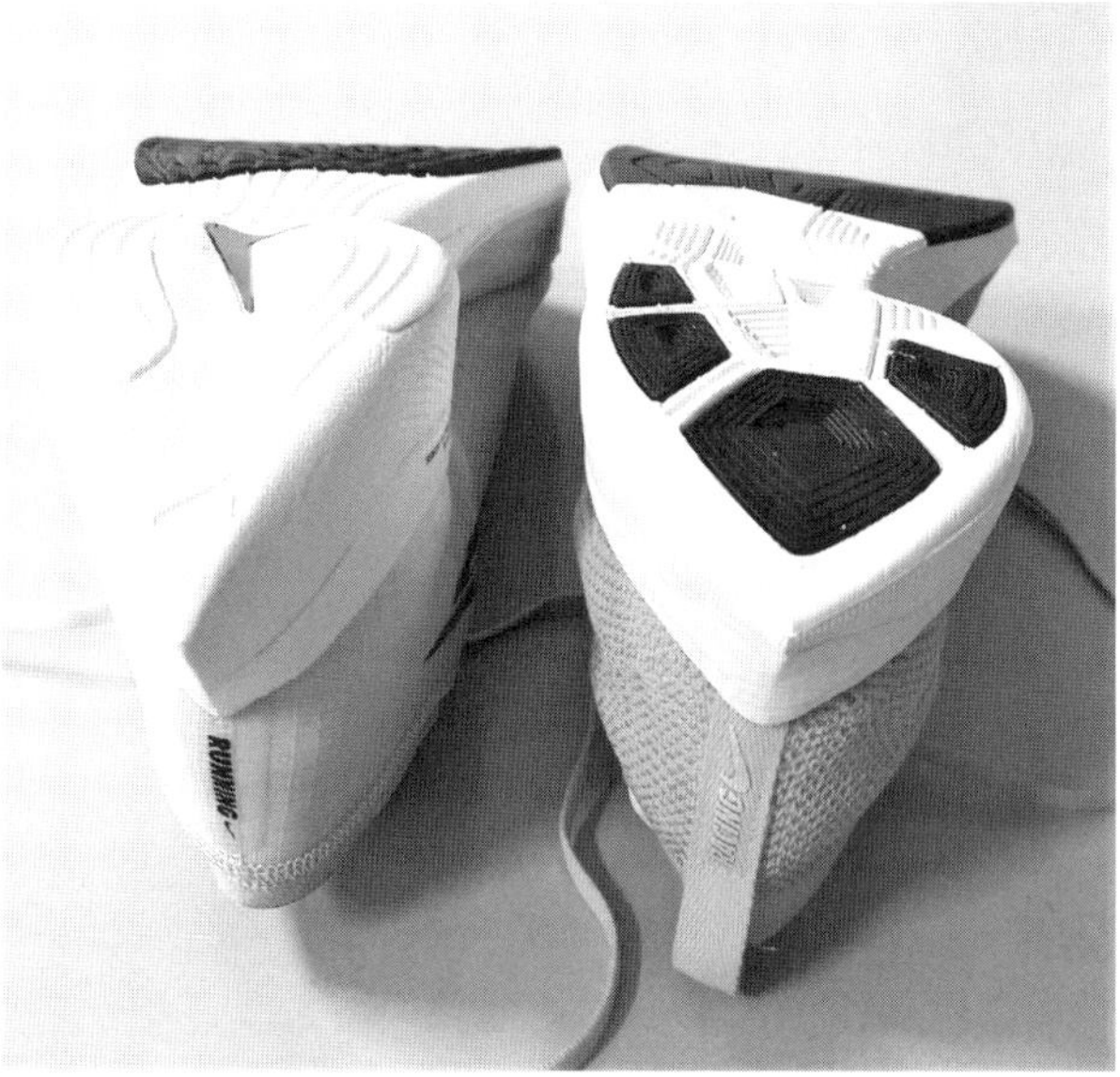

ヴェイパーフライ NEXT％（左）と
ヴェイパーフライ 4％（右）の踵部分

NEXT％ (左)の踵部分は4％ (右)より丸みを帯びてさらに細くなった

かいままにしているのだと思います。次世代のヴェイパーフライNEXT％は４％よりさらに踵部分のアウトソール面積が減りました。また形状も全体的に丸みを帯びており、シューズのみ地面に置くと踵の内側は浮いています。もはや面として地面を捉えるのではなく踵が横にブレる動きには敢えて抗わないように正常進化したと思います。

足の接地感覚を鍛えてくれるヴェイパーフライ４％

一時期わざとバランスを崩すように靴底が不安定に作られたシューズが体幹やダイエットにも効果があると宣伝されて売られていた時期がありました。一方でヴェイパーフライ４％は非常に接地感覚が鍛えられるシューズだと思います。最初に感じたグニャグニャ感が何度か履くことによってどんどんグラつかない方向に足裏の感覚が鋭敏になっていくとでも言いましょうか。自然に接地がピンポイントに研ぎ澄まされて矯正されていく感覚があります。私は今となってはグラつきもあまり感じなくなりました。当然、不整地に慣れているケニア人ランナーにとっても踵のグラつきは気にならないでしょう。しっかりと踵部分のソールが作られたシューズはぞんざいな着地でも走れるし、耐久性もあります。しかし接地感覚が育ちにくいです。ヴェイパーフライ4%はそうはいきません。接地感覚を向上させてくれる分、その逆で頑なに自分なりの着地にこだわってしまう人には全然合わない可能性もあると思います。

さらに言うと踵部分をグラグラとさせてわざと安定性を失わせることで人間の足は自然と前足部着地に促されます。人間の足はシューズの靴底が柔らかいほど安定性を求めて面ではなく点で、ピンポイントで突き刺すように着地しようとします。つまりヴェイパーフライ4%は前足部着地を促し、接地時間を短縮するように元から作られているのではないでしょうか。鋭く瞬間的に接地するようにシューズから求められているのです。単にクッション性のために安定性を犠牲にしているわけではないと思います。

そうでないと廉価版のズームフライの方が安定性が高い理由の説明がつきません。固いゴワゴワとした手袋をしたら指の細やかなタッチや動きが失われ、ピアノが弾きにくいのと一緒で、足もただ保護と安定の名目で固めるだけのシューズはよくないのです。ヴェイパーフライ4％は人間の足の動きの理にかなうように非常に作り込まれたシューズなのだと思います。

カーボンプレートはバネによる反発ではなくピッチを上げるためのもの

ヴェイパーフライ4％が発売されて2年が経とうとしていますが、徐々に主要なシューズメーカーから靴底全面にカーボンプレートを入れたシューズが発売され出しています。面白いことに一様に何年も前から開発していたという触れ込みです。中にはカーボンインソールで8％もランニングエコノミーが改善されると謳っているものもあるようです。これからもカーボンプレートを入れたシューズが次々に登場すると予

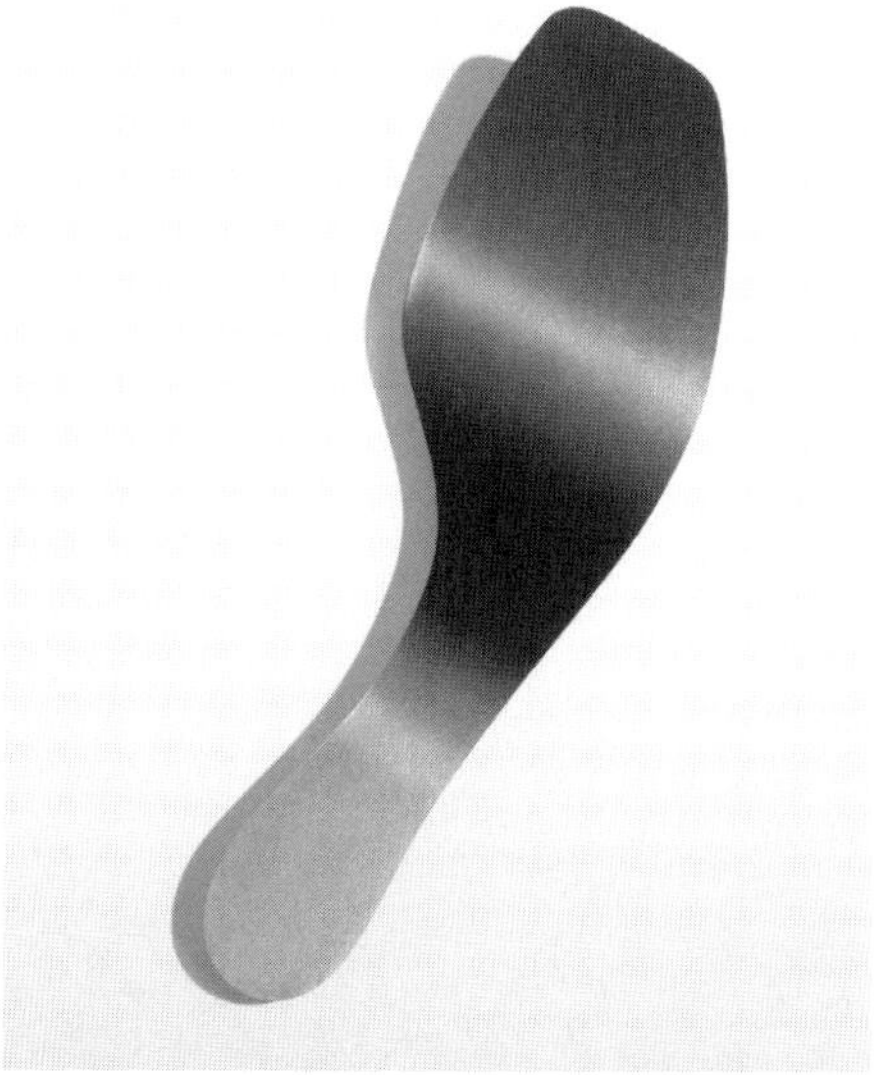

ナイキ ヴェイパーフライ NEXT%の カーボンプレート

(写真：NIKE WEBサイトより)

測されます。しのぎを削って、開発競争になり価格も下がってくれることを望みます。最近のシューズは明らかにインフレ傾向です。ヴェイパーフライＮＥＸＴ％はなんと２万９７００円！３万円の大台も間近です。

しかしナイキは先駆者として一歩アドバンテージがあることは忘れてはいけません。まずズームＸフォームに埋め込まれたスプーン状に大きく曲がったカーボンプレート。インソールをカーボンプレートにしたところで、それ曲がってないですよね？それは単に足底を硬くして曲がりにくくしただけです。それではふくらはぎに大きな負荷が掛かってしまうことになります。ナイキは様々な角度のカーボンプレートを試し、ヴェイパーフライ４％に封入されたカーボンプレートは前足部と中足部の間に大きな屈曲があります。これが前足部から乗り込ませて大きな推進力を生み出すようになっています。

カーボンを力いっぱい捻じ曲げてパンッと反発させて空中に飛ばす動画の拡散もあり「板バネを仕込んだドーピングシューズ」と言われましたが、そもそも足裏は走行時にそんな極端な曲がり方はしません。ズームフライもヴェイパーフライ４％も前方に転がされる感覚はありますが、足全体を進行方向に跳ばしてくれる感覚はありません。カーボンプレートは主に反発というより、ランナーの前方への乗り込みを促し、足の回転を速くするのに寄与しているといえます。厳密にいうとカーボンが硬いゆえにつま先で地面を蹴り出す動きを弱めることができます。その分のエネルギー消費を抑えるのです。

4%のエネルギーコストの節約の多くは柔らかい厚底の反発によって達成されているのです。実際の研究でもエネルギーリターンを可能にしているのは主にズームXフォームによるミッドソールの大きな変形によるものだという報告です。しかしそのような反発素材を使うと多くのランナーは無駄な上下動が増えてストライドが大きくなり、ピッチが落ちてしまいがちになります。それらを食い止めるためにカーボンプレートは存在するのではないでしょうか。今までもソールの反発とクッション性を謳ったシューズは色々ありましたが、ヴェイパーフライ4%は軽量の反発素材を使ってストライドを向上させ、カーボンプレートによって前にどんどん足回しをさせてピッチを上げるシューズといえるのではないかと思っています。

ヴェイパーフライ4%の弱点は濡れた路面と上り坂

私もそうでしたが今までの剛性と安定性を高めた角ばった踵のシューズを履いてきた、もしくは薄底のゼロドロップのシューズを履いてきたランナーにとってヴェイパーフライ4%の履き心地は最初不安に陥ることは想像に難くありません。そこでナイキは初中級者用にもっとしっかりとした安定性を確保したズームフライを用意したのだと思います。ズームフライは廉価版で踵部分のミッドソールの素材が違い、ヴェイパーフライ4%より固く重たいですが安定感があります。その分、経験の浅いランナーはヴェイパーフライ4%より速く走れる人も多いと思います。接地が不安定でスイートスポットがわからず足裏に面感覚しか持っていないランナーは地面反力をうまくもらえず、当然ヴェイパーフライ4%は踵部分を中心にボロボロに削れるだけの代物と化すこととなります。

そういう意味ではまず使用するランナーもいないと思いますが、登山道などの不整地では不安定極まりない挙動になります。つまりヴェイパーフライ4%が真価を発揮するのは乾いた極めて整備されたフラットで直線の舗装路です。雨の日の濡れた路面だとヴェイパーフライ4%の前足部のアウトソールはグリップを失いがちです。やはり多くの選手から指摘があったのでしょう。新型のヴェイパーフライNEXT%では4%に比べてF1グランプリカーレースの濡れた路面用のレインタイヤのようなトレッドパターンが入りました。走ってみると乾いた路面でも濡れた路面でもかなりアウトソールが食いついてくれてグリップしやすく、さらなる進化を遂げています。

ヴェイパーフライ4%の踵部分の柔らかい感触から陸上トラックのコーナー部分で横Gが掛かった時に違和感を感じるランナーもいるかと思います。しかし接地時間が短く前足部のみに重心が掛かるランナーになるとそれも問題ないレベルになっていくようです。大迫傑選手はほとんど踵が着きませんし、設楽悠太選手もヴェイパーフライ4%でトラックの記録を伸ばしています。キプチョゲ選手やアフリカ勢の選手がトラックのコーナー部分を走っている映像を見ても踵部分はほぼ接地しているかしていないかというレベルであり、踵部分のミッドソールも全く歪んでいません。

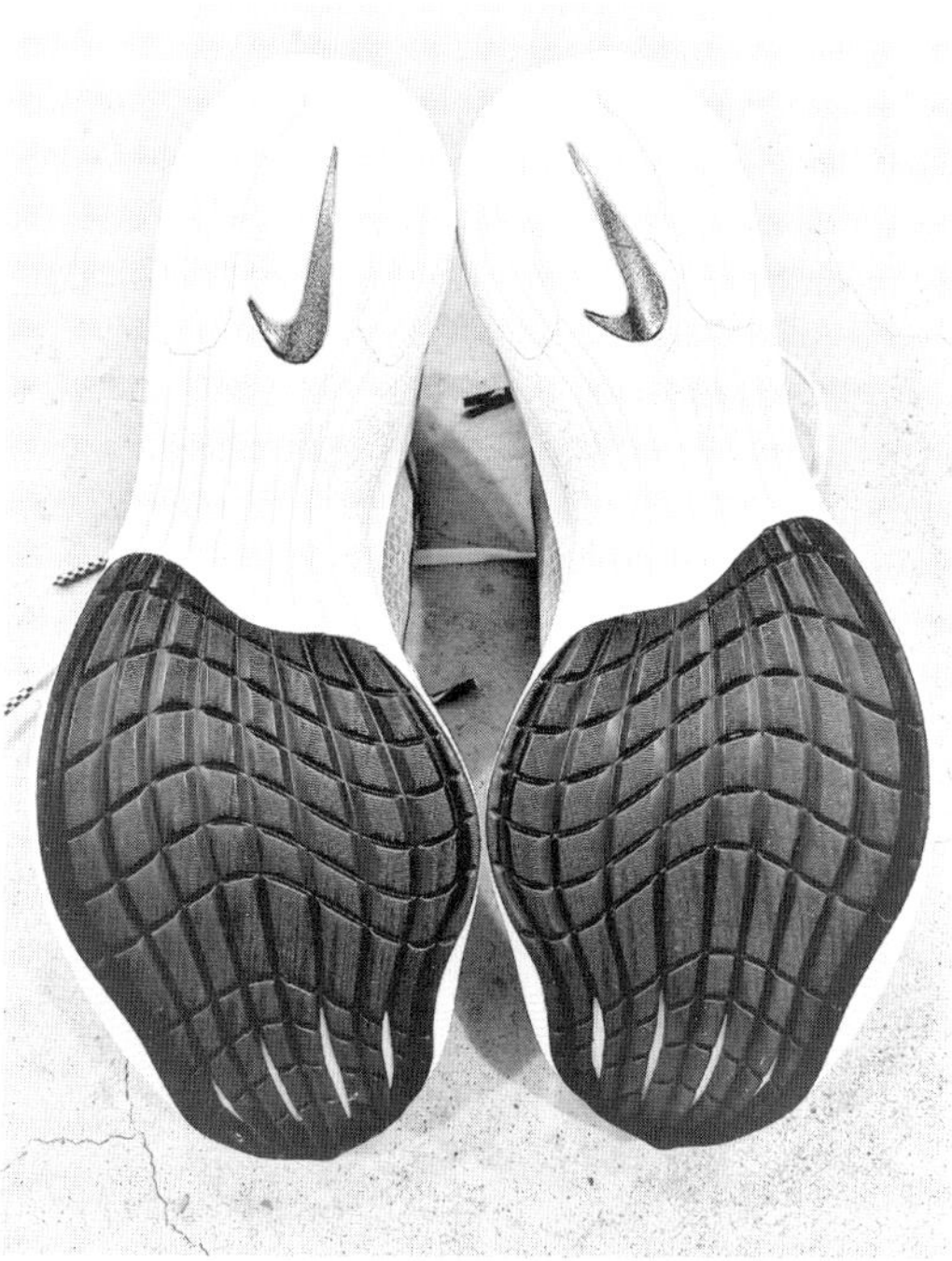

ヴェイパーフライNEXT%のアウトソール

次世代のヴェイパーフライNEXT%ではさらにフォアフット着地前提のアウトソールの配置になり、そのグリップは強力なものへと進化した

コーナーの連続でいうと思い浮かぶのは箱根駅伝6区の箱根から小田原までの激坂下りの区間。下り坂という特性もあり一見あのヘアピンカーブの連続はヴェイパーフライ4%にとって苦手なように思えますが、試走を重ねた選手らが本番

でも使っているので、試走タイムも他の薄底シューズより速かったのでしょう。下り坂ゆえに前足部着地が強くなり重心の移動も瞬間的に行なわれるので踵部分の剛性のなさはほぼ問題がないと思われます。そして何といっても下り坂はヴェイパーフライ4％のクッション性に助けられます。着地衝撃の痛みを感じずにどんどん下れます。

しかし明らかにヴェイパーフライ4％の使用率が低かったのが箱根駅伝の山登り区間である5区です。実はヴェイパーフライ4％は上り坂が苦手だと思います。平坦だと前に乗り込みやすいカーボンプレートですが、上り坂だとその剛性が邪魔して重心移動しにくいのかもしれません。コーナーが多いとなおさらでしょう。ゆえに各大学は5区でのヴェイパーフライ4％の使用を回避したのではないかと思います。

第8章

フォアフット走法になる ヒント満載の練習法

ランニングにおける打ち込みドリルの重要性

多くのスポーツ競技ではそのスポーツに特化した技術練習に多くの時間を費やします。体操競技の、例えば鉄棒だったら何度も何度も落ちながら一つの技をマスターしなくてはいけません。フィギュアスケートはジャンプを何度も何度も跳んできれいな着地をする練習をします。柔道だったら投げ技の基本動作やコンビネーションを何度も繰り返します。砲丸投げ、走り幅跳び、野球、サッカー、卓球……。例外なく打ち込みといわれる同じ動作の繰り返しをして技の習得に励まなくてはいけません。しかしランニングという誰もが子供の頃からやっている単純な動作だけに、技術練習といわれるものはあまりやらず、日々の練習で市民ランナーはただ強弱をつけずに走っていることがほとんどです。私の場合ですが、マラソンの走力が上がるにつれ、それら打ち込みの必要性を痛感して取り入れるようになってきました。陸上競技でも短距離走に比べて長距離走はドリルに取り組まない印象がありますが、若い人だけでなく、特に初心者や中高年ランナーこそ手足の連動性の再確認のためにもやった方がいいと思います。

ほとんどのランニングの指導者の説明の仕方は感覚先行です。身体感覚が近く、表現を理解できて、自分の身体に素直に落とし込める人にはいいでしょう。しかし表現がわからない人にはどうやって伝えるべきか。また表現がわかっていても自分の身体への落とし込み方がわからない場合どうしたものか。中にはスキップができない人もいるのです。私自身も人に伝えるには試行錯誤の真っ最中ですが、現在の時点でこれはフォアフット走法を身体に馴染ませる上で効果があったなと思えた打ち込み練習、いわゆるドリルをお伝えすることにします。

足が速い人と遅い人はここが違う

私が思うには、速く走れない人には共通している二つの特徴があります。一つは足を速く回せていないこと。足回しが速くなれば、基本的に速く走れます。そもそも足回しを勘違いしている人は意識を変えるだけですぐに速くなります。後ろに足を伸ばしたり蹴ったりするランニング意識はダメ。間延びした回転になり速く走れません。足回しとは文字通りどんどん前に足を回すことです。着地した足はどんどん前に戻してあげましょう。この足回しの速さを上げるのにフォアフット走法はとても効果があります。ストライドは広くなくたって問題ありません。それはスピードが上がれば後からついてきます。

二つ目は重心感覚の欠如です。速いランナーは自分の重心を上手に扱って、ピンポイントで地面にパワーを伝えます。遅いランナーはそれができないゆえに地面からの反発をうまくもらえず、自分の身体で吸収してしまって推進力に活かせていないのです。また速い足回しができていても地面反力をうまくもらえていないとピッチだけ上がってしまい疲れます。これに関してもフォアフット走法になると地面反力をもらいやすくなります。上体のブレが少なくなり、身体のバランスも保ちやすくなります。腕振りもわざわざ大きく振らなくてよくなります。

これら二つをドリルで徹底的に直していきましょう。あくまでペース走やインターバルなど本練習で行なう前に遊び感覚で身体に手足の連動性を覚えさせるものを選んでいます。練習の一助になれば幸いです。

シザース動作ドリル

陸上競技的にはシザース動作といって「支持脚が着地する前に遊脚の膝が追い越す動作」です。私の本ではすでにお馴染みだと思いますが、まだシザースが浸透していないどころか、形だけのシザースになっているランナーがよく見られます。

フォアフット走法というととかく速く走るイメージがありますが、ゆっくりでも動作づくりは可能です。リラックスして立ち、腰を前に出すだけで重心移動で前に走り始めるはずです。ストライドはほんの30～40㎝でじゅうぶん。スピードもキロ8～10分でいいです。

この時に大切なのはストライドをひろげるのではなくピッチを180bpmより多く刻むことです。膝下を膝より前に出さないようにして前足部から接地させるようにします。踵は上げずに軽く接地させるようにします。足裏をローリングさせる踵着地やフラット着地の走法では足裏の動きでかなり接地時間が長くなり180bpmは刻みにくいと思います。前足部から入ってリズムよくトントンと真下着地、そして支持脚が着地する前に遊脚の膝が追い越す動作をさせて走ってみると楽に180台でピッチを刻めると思います。またシザース動作が入ると真下着地が促されるはずです。何度も繰り返してこの左右の足回しのタイミングを身体に馴染ませてください。意識するのは振り出す遊脚で、地面を押す支持脚に力を込めてはいけません。

前スライド走法の閃きについて書いた59ページで、その走りを自分の体感では「膝はずっと閉じたまま膝下だけが後ろに上下して走っている感覚」と表現しました。実はこれ、『「大転子ランニング」で走れ！ マンガ家53歳でもサブスリー』で、初心者向けに走り方を説明する時のスローシザースの基本形の意識にまるまるそっくりなんです。スローシザースのまま高速で空中に浮遊している感覚。改めて間違ったこと書いてなかったなと再確認した次第です。

私は「ランニング時に骨盤と足は逆向きに動く」とよく表現するのですが、意識的には完全な対角ではありません。どちらかというと骨盤と膝は同じ向きです。足先だけが逆向きになります。細かくいうと右の体幹、すなわち右肘、右胸、右の骨盤、右の膝がほぼ一緒に前に出る感覚です。そして次に左肘、左胸、左の骨盤、左膝が出ます。肘と膝はワンテンポ遅れるのですが、あくまで感覚的には一緒でいいのです。つまり膝はほぼ真下に揃って閉じているという感覚になってしまうということです。このシザース動作が脛の前傾を促します。つまりシザース動作ができていないと脛が自然に前傾になりにくいのです。

動画を観たい方は私のツイッターかフェイスブックページ※の過去の投稿動画をご覧ください。動画を観るとよく腿上げドリルと間違われるのですが、実はどっちでもいいのです。その場で腿上げ動作をすれば自然に遊脚が支持脚を追い越すことになりシザースドリルをやっていることになります。しかし腿を上げる、膝を上げるのみに意識を持ってはいけません。膝を高く上げたからといって下に落ちる位置エネルギーが増大して速く走れるわけではありません。そのために上体がそっくり返って失速してしまっては本末転倒です。シザースは足回しの接地タイミングを改善するドリルと理解してください。

シザースドリルと実際の長距離走動作の違いとは？

マラソンなど長距離走とシザースドリルをどう融合させるか困惑する人もいると思いま

※twitter https://twitter.com/MiyasuNonki
facebook https://www.facebook.com/sub3miyasunonki/

す。短距離走だと、腿は水平近くまでハネ上がり、身体のラインより後ろには流れません。そして短距離走の中間疾走の局面ではほぼ膝が曲がらず（おおよそ170〜175度）1本の棒のように足が地面にタッチするようになります。地面に股関節筋群のパワーがまっすぐダイレクトに伝わる感じです。短距離ランナーが「支持脚をまっすぐ着地！」と言うのもそういうことです。まさにシザースドリルに近いものになります。

しかし長距離走ではもっとシザース動作自体が小さくルーズな動きになります。具体的には膝は前に上がっても45度程度です。後ろにも膝は流れるようになります。そして重要な違いは支持脚の膝の角度です。長距離走ではかなり膝が曲がります（おおよそ150〜165度）。ただ曲がるのを意識したとたんにシザース動作が緩慢になっ

膝の挟み込みが早く
シザースができている走り

てしまう人もいるので気をつけてください。着地時に股関節筋群のパワーは出ますが、膝下は力が抜けていて回っているだけの感覚になります。大切なのは支持脚において膝が曲がっている角度は変わらないということです。日本男子選手だと井上大仁選手（MHPS）、女子選手だと鈴木亜由子選手（日本郵政グループ）あたりの足回しがシザースの動きがわかりやすく特に参考になると思います。

遊脚が遅れて腰が落ちた走り

陸上競技的に腰が落ちるとはどういうことか

走る時に腰が落ちてはいけないとよくいわれますが、市民ランナーがマラソン後半で陥りがちな疲れてきて下を向いてしまい、猫背になって腰が落ちてトボトボとした走りと、陸上競技における「腰が落ちた走り」という表現は違います。シザース動作ができていないランナーは、支持脚が接地した時に遊脚がかなり後ろに流れたままなのです。後ろに重たい遊脚が残っているということは身体の重心が全く着地位置に乗り込めておらず、支持脚よりかなり後方に重心が残っています。その時に腰が落ちた状態になってしまうのです。そしてそれをフォローするように後ろ足首で蹴り出す走りになりがちです。これでは一旦沈み込む無駄な動きが入ってしまい、かつ支持脚もピンポイントで地面反力を受け取れず速く走れません。足はどんどん前に回しましょう。

形だけのシザースになるな！

以前、知り合いのランナーに「シザース動作は完璧にできているのだが全然速くならない」と言われました。聞くとフルマラソンで4時間をいつまでも切れないとのこと。動画を見せてもらうと確かに支持脚が着地する前に遊脚が追い抜く形にはなっていました。ところが追い抜いたところで勢いが止まっているんです。だから足は前後に開かないし地面反力ももらえてないヒタヒタ走法になっていました。

シザース動作の要は支持脚と遊脚の連動です。その連動ができていないと膝を前に出したところで走動作としては合っていますが、走スピードには繋がりません。「支持脚が着地する前に遊脚の膝が追い抜く」と書くと遊脚の振り出しばかりに意識がいってしまいますが、実は大切なのは支持脚。シザース動作によって支持脚が瞬間的に強く地面を押せるようになります。それが大変重要なのです。

しかし支持脚に意識を置いてはいけないのが難しいところ。そうなると後ろ足で蹴り出す動きになりがちなのです。なぜなら実際に地面に接地している時間は長距離走でも0・15～0・3秒程度。ほんの一瞬なのです。接地してから何かしようとしても遅いのです。身体は反応できません。地面に着いてから蹴るのではなく、どうやって遊脚の時点で地面反力をもらうか考えた方が利口です。「支持脚を地面にまっすぐ着く」。この意識に偏って、地面を強く蹴る力を込めると、遊脚が振り出せなくなりタイミングがずれたり、左右の足の地面を押す力は不均等になったりします。あくまで意識は遊脚の大きな振り出しに重きをおくことが大切です。

シザース動作がうまくできているランナーを見ると、両膝が交差する時にグンッとお互いが加速してすれ違います。つまり支持脚を遊脚の膝が追い抜いたところで終了ではなく、そこから遊脚の膝が加速するのが正しい動き。なぜそうなるかというと遊脚の膝が支持脚の前に出るタイミングで支持脚が地面に着地して地面の反力をバーンともらうからです。

膝が追い抜くだけのランナーは地面を支持脚が強く押せていないのです。形だけはシザースになっていてもゆっくりとした動作しかできていないランナーはドリルの本質を理解できていないことになります。第５章でも説明した小さな走りになっています。一言でいうと足回しの「キレ」がないんです。

遊脚が支持脚を追い越す、それがゴールではなく、その時に支持脚が地面を強く押す行為が抜けないようにしましょう。そして着地したときに遊脚を前に振り出すエネルギーをうまく推進力に利用することです。このタイミングが一番重要です。

左右の骨盤はキレのある動きで交互に前に出ますが、骨盤を前に出す時に膝も前に出すように意識しましょう。これによって足回しがとてもよくなります。膝を後ろに残していつまでも蹴り出すような動きはいけません。

その知り合いランナーはシザース動作の本質を理解して正しい練習を重ね、２年でフルマラソンの記録を３時間15分まで短縮できました。

足首ゴム紐繋ぎ走り

スタンフォード大学の面白い研究を紹介します。左右の足首をスプリングバネで結んで走ると大きくランニングエコノミーは向上します。

なんと6・4±2・8%のランニングエコノミーの向上が報告されています。※ かのヴェイパーフライが4%ですから、スプリング一つであの高価なシューズを上回る結果です。

私は百円ショップのゴムチューブ+足首バンド（製作費200円）で代用して走っています。ゆっくり走ったとしてもピッチが上がり、確実に足を挟み込むシザース動作が速くなります。そして膝下を振り出して着地できないので、自然に踵着地からフォアフット着地に修正されます。そして離地した足は間延びせずにすぐに前に戻されます。足首やつま先で蹴って離地してしまう人の修正にも持ってこいです。ふくらはぎやアキレス腱を痛めている場合の保護、予防にもとても役立ちます。筋肉をサポートして怪我や疲労を軽減する印象があります。

まさにゴムチューブは「離地を残して地面を蹴り続けるのは無駄な時間ですよ」と教えてくれます。さらに左右の足が縦に引っ張られるので自然に着地のラインが一本になります。まさに理想の走りに簡単に近づくことができます。ゆっくりしか走れずどうやって走れば速くなるのかイメージが湧かない人も一度体験してみることをお勧めします。私はおよそキロ6分くらいまでのスピードでドリル的に使っています（もつれてコケるのは自己責任でお願いします！）。

※Connecting the legs with a spring improves human running economy
https://www.biorxiv.org/content/biorxiv/early/2018/12/20/474650.full-text.pdf

足首ゴム紐繋ぎ走り＋タイヤチューブその場走

タイヤチューブその場走

ケニア出身、中距離走１５００ｍで一時代を築いたアスベル・キプロプ選手がキャンプでよくやっていたトレーニングです。短距離走でもお馴染みの練習です。柱などに自転車のタイヤチューブを２本繋げたものを腰に巻いたベルトに固定して、その場駆け足をします。着地点はなるべくバラけないようにしましょう。柱がない場合、後ろで人が持って負荷を掛けてもいいです。腿上げを意識して膝を上げると上体は伸び上がったような姿勢になりがちですが、腰に巻いたベルトにもたれかかるようにして前傾姿勢を保ちます。

腰を前に出す感覚です。その場で走るのでシザース動作やフォアフット着地を身体に馴染ませることができます。

そしてメインイベントはこの後です。腰のベルトを外して、まだゴムチューブに後ろから引っ張られている感覚を持ったまま、走り出してみてください。きっと前傾姿勢を保ったまま腰低意識でスーッと水平に重心移動ができるはずです。この感覚を忘れないで日頃のジョグも走ってみてください。感覚を忘れたらすぐもう一度このドリルをやってみてください。

さらに先ほどのゴム紐を足首に巻いて左右の足の開きを制限することにより負荷を高めることができます。まるで『巨人の星』の大リーグボール養成ギブスですが、効果はバッグンです。

歩くトロッティング

陸上競技のドリルの中でも簡単にできるのでお勧めしたいのがトロッティング。その場駆け足も足回しを改善しますが、どちらかというと腿上げのようになって膝が高く上がる感覚になってしまいます。腿上げもスキップも何のためにやっているかを理解しないと実際のランニング動作に活きません。トロッティングとは歩きながらシザースをやる感覚を掴むドリルになり、初心者や故障を抱えた人でもやりやすいといえるでしょう。ウォーキングで支持脚が重心真下を通過する位置で遊脚の膝が前に出ます。以下に気をつけるべき三つのポイントを上げます。

①遊脚は放り出すようにせず、ずっと膝は曲がったまま重心真下に着地します。

②その時に膝だけ前に出すのではなく、骨盤と膝が同じタイミングで前に出るようにしてください。

③支持脚は自分の真下を通過する時に膝をまっすぐにしてもいいです。

④着地はフォアフット気味にしてください。

①はフォアフット走法の条件です。

②は実際のランニング動作ではありえない動きになりますが、本来、腿上げは膝のみを上げるのではなく、骨盤が動く時に一緒に膝を前に出す感覚を持つようにします。もちろん実際には骨盤から少し遅れて膝は前に出ていくのですが、意識すべきタイミングを培うことができます。

③は83ページで「膝が曲がっている方が長距離走はパフォーマンスがよい」と書いてい

るのと異なりますが、歩く動作の場合はまっすぐでも構いません。

④は身体の重心真下の着地を心がけてみるとフォアフット気味になると思います。

他にも実際のランニング動作と大きく違うのは、両足とも浮いた局面がないので骨盤が横にブレるように動きます。ちょっとお尻がプリプリして人に見られたら恥ずかしいと思うかもしれませんね。慣れてくるとどんどん前に足が回る感覚になります。これらは『ランナーが知っておくべき歩き方』に詳述しております。歩きながらになるので空中姿勢がなくきちんと動作を確認しながらできるので、走るイメージ作りにはいいドリルだと思います。もちろん動作を覚えたら徐々にスピードを上げて両足の滞空時間を増やしてランニングに移行していきましょう。

ミニコーンを並べてのピッチ刻みトレーニング

気の利いた100円ショップに行くとミニコーンが売っています。それをおおよその自分の《レースペース－20㎝》のストライドで縦に並べます。10～20個くらいあるといいと思います。ミニハードル、ラダー、ないなら地面に白墨でラインを書いただけでも構いません。わかりやすい石畳などがあれば利用してもよいでしょう。自分のストライドがわからない場合は80㎝～1ｍほどで適当に等間隔で並べて構いません。大切なのは自分のスト

ピッチ刻みトレーニング
ミニコーンでもラダーでも白線でも応用可

ライドよりやや狭くすることです。ミニコーンがあることを目視するだけで足は自然に前に振り出さないようになって、重心真下に着地するようになると思います。そして普段のジョグより自然に膝が上がる感覚があると思います。リズミカルに何度も繰り返してこの感覚を掴んでから普通に走ってみるとイメージがしっかりできると思います。

普段のペース走で自分のスピードより遅く設定して走動作改善

ミニコーンやラダーを並べるのなんて面倒くさい、そんな場所ないという方は、練習会のペース走で少し遅いグループに入り、前方に人を置いて、もうちょっと速く走りたいけれど抑えるようなシチュエーションを作り出します。一人で走ってもいいですが、グループ走だとペース感覚が掴みやすいです。キロ5分で普段走っている場合、キロ5分30秒くらいに下げます。ここで重要なのはペースに合わせてゆっくりとした足の動作にするのではなく、自分の足さばきやピッチは普段のままを保つようにします。そうすると足は前に行けず、シザース動作も大きくなってタメを作って重心真下に着地するようになります。この感覚を身体に覚え込ませます。お試しください。

第9章

56歳のサブスリーに向けての練習体系の改善

目指せ！ 56歳でもひぃこらサブスリー！

これまでフォアフット走法について書いてきました。しかしランニングフォームを改善したところで正しく構築されたトレーニングを積まないとフルマラソンはちゃんと走り切れません。私の本の印象はランニングフォームを洗練させていくことのみを謳っているように思われていますが、以前から正しい練習体系の構築、ＰＤＣＡの大切さは強調しています。自己ベスト記録更新に伸び悩むランナーはトレーニングのプロセスに多くの問題を抱えているように思えます。それでは勝負どころになる大会に向けてレベルアップが図れません。この章は第38回つくばマラソンに向けて56歳の私がやった練習法を紹介します。

世界記録保持者キプチョゲ選手のトレーニングの考え方は中高年に優しい！

今回取り入れたのは２０１８年の第45回ベルリンマラソンにて2時間1分39秒の世界新記録を打ち立てた史上最速のランナー、エリウド・キプチョゲ選手のトレーニングメニューです。「世界一？ ケニア人の真似しろ？ そんなもの自分には無関係である」。そう思われる方も多いかもしれません。しかしエリートランナーの練習とランニングを始めた初心者の練習は全くの別モノと頭から決めつけてしまうことに違和感を覚えます。参考になることはたくさんあるのです。根幹は一緒なのです。
といっても同じメニューでやったらこっちの身体が持ちません。そもそも同じスピードでできるわけがありません。エッセンスだけ抜き出してやってみたという訳です。今まで私はマラソン競技者定番の参考書である『アドバンスト・マラソントレーニング』（フィッツィンジャー&ダグラス著）、『ダニエルズのランニングフォーミュラ』（ジャック・ダニエルズ著）、『リディアードのランニングバイブル』（アーサー・リディアード著）などに従って、10kmなり15kmなりのペース設定を日々変えて回復走、有酸素走、閾値《いきち》走（LT走）などをやっていましたが、三つの根本原理（過負荷の原理、特異性の原理、可逆性の原理）を変えずにキプチョゲ選手のメニューを取り入れてバリエーションを増やしたのです。

エリウド・キプチョゲ選手はケニア西部の小村カプシシイワ出身。子供の頃からずっと走っていたそうです。やはり学校往復の移動手段もランニング。198

エリウド・キプチョゲ選手（写真：NIKE JAPAN）

4年11月5日生まれの34歳です。身長約168㎝、体重約52㎏。2018年に世界新を出した前年、2017年のベルリンマラソンのデータですがトレーニングが公開されています[※]。キプチョゲ選手自身が「練習プログラムは基本的に変わっていない」と言っているので今もほぼ同じメニューだと思います。

キプチョゲ選手は毎朝午前5時に起床して早朝練習をこなします。ポイント練習がない日は回復走と呼ばれるジョグを午前と午後に走ります。キプチョゲ選手のトレーニングメニューの詳細は後に譲るとしてあまり追い込んだスピード練習やロング走をやっていないのが特徴といえるでしょう。キプチョゲ選手自身も「レース以外は追い込まず、80〜90％レベルで走る」と言っています。

日本ではフルマラソンのレーススピードをはるかに超える速度のインターバル練習でVO2maxを刺激したり、5㎞や10㎞をレーススピードより速く走る乳酸閾値《いきち》を改善するトレーニングが主流ですが、キプチョゲ選手はそれらをほぼやりません。ほとんどはレーススピード（キプチョゲ選手の場合、キロ2分55秒ほど）よりほんの少しだけ速いか同じくらいの速度域のポイント練習と、かなり遅い速度での回復走です。ぜひメニュー表でチェックしてみてください。

※http://www.sweatelite.co/eliud-kipchoge-full-training-log-leading-marathon-world-record-attempt/

2017年ベルリンマラソン前のキプチョゲ選手のトレーニングメニュー

		午前	午後
45日前	8/10(木)	**ロング走：** 30.8km　1時間42分（キロ3分19秒）	10km　40分 (キロ4分)
44日前	8/11(金)	16km　1時間10分（キロ4分23秒）	10km　40分 (キロ4分)
43日前	8/12(土)	**ファルトレク：** [10分（キロ3分）+2分つなぎ］×4本 　登り坂ではキロ3分10～15秒、 　下り坂ではキロ2分45～50秒 WU10分（1.9km）CD15分（2.2km） 合計80分以内	12km　50分 (キロ4分10秒)
42日前	8/13(日)	22km　1時間18分（キロ3分33秒）	休息
41日前	8/14(月)	21km　1時間10分（キロ3分20秒）	10km　40分 (キロ4分)
40日前	8/15(火)	**トラックセッション：** [1.2km（キロ3分25秒)］×1本 [1km（キロ2分55秒）+1分30秒つなぎ］×5本 [300m（40～42秒）+1分つなぎ］×3本 [200m（27秒）+1分つなぎ］×2本 WU15分（3.1km）CD15分（3km）	休息
39日前	8/16(水)	18km　1時間10分（キロ3分57秒）	11km　44分 (キロ4分)
38日前	8/17(木)	**ロング走：** 40km　2時間26分（キロ3分39秒）　悪路	休息
37日前	8/18(金)	18km　1時間10分（キロ3分53秒）	10km　39分 (キロ3分54秒)

WU=ウォームアップ　CD=クールダウン

		午前	午後
36日前	8/19(土)	**ファルトレク：** [1分（キロ2分45秒）＋1分つなぎ］×30本 　クロスカントリーコース WU10分（2km）　CD15分（2.8km）	休息
35日前	8/20(日)	20km　1時間17分（キロ3分51秒）	休息
34日前	8/21(月)	21km　1時間12分（キロ3分26秒）	11km　43分 (キロ3分55秒)
33日前	8/22(火)	**トラック：** [800m（2分10秒）＋1分30秒つなぎ］×12本 [400m（1分2秒）＋1分30秒つなぎ］×10 本 WU10分　CD10分	休息
32日前	8/23(水)	18km　ビルドアップ走　1時間17分 　キロ6分からスタート、 　ラスト5kmはキロ3分30秒	10km　41分 (キロ4分6秒)
31日前	8/24(木)	**ロング走：** 30km　1時間38分（キロ3分16秒） 　起伏コース	休息
30日前	8/25(金)	18km　ビルドアップ走　1時間16分 　キロ5分45秒からスタート、 　ラスト6kmはキロ3分30秒	休息
29日前	8/26(土)	**ファルトレク：** [3分（キロ3分）＋1分つなぎ］×18本 　高度2400mの起伏コース WU10分（2km）　CD15分（2.8km）	休息
28日前	8/27(日)	22km　1時間23分（キロ3分46秒）	休息
27日前	8/28(月)	21km　1時間11分（キロ3分23秒）	11km　43分 (キロ3分55秒)
26日前	8/29(火)	**トラック：** [2km（キロ2分53～55秒）＋1km（キロ2分50秒)］×5本 　つなぎ100m歩き+100mスロージョグ WU15分（3.1km）　CD15分（3km）	休息

WU= ウォームアップ　CD =クールダウン

		午前	午後
25日前	8/30(水)	18km　1時間12分（キロ4分）	11km　44分 (キロ4分)
24日前	8/31(木)	**ロング走：** 40km　2時間13分（キロ3分20秒）	休息
23日前	9/1（金）	18km　1時間14分（キロ4分17秒）	10km　41分 (キロ4分6秒)
22日前	9/2（土）	**ファルトレク：** [1分（キロ2分45秒）＋1分つなぎ] ×25本 　クロスカントリーコース WU10分（2km）　CD15分（2.8km）	休息
21日前	9/3（日）	20km　1時間17分（キロ3分51秒）	休息
20日前	9/4（月）	21km　1時間11分（キロ3分23秒）	11km　45分 (キロ4分5秒)
19日前	9/5（火）	**トラック：** [1km（キロ2分50秒）+つなぎ1分30秒] ×13本 　キロ2分53秒からスタート、2分45秒まで WU15分（3km）　CD15分（3km）	休息
18日前	9/6（水）	18km　1時間15分（キロ4分10秒）	10km　40分 (キロ4分)
17日前	9/7（木）	**ロング走：** 30km　1時間42分（キロ3分24秒）	休息
16日前	9/8（金）	16km　1時間3分（キロ3分56秒）	11km　40分 (キロ3分48秒)
15日前	9/9（土）	**ファルトレク：** [3分（キロ2分55秒～3分）＋1分つなぎ] ×13本 　クロスカントリーコース WU10分（2km）　CD15分（3km）	休息
14日前	9/10(日)	22km　1時間23分（キロ3分46秒）	休息
13日前	9/11(月)	21km　1時間11分（キロ3分23秒）	10km　40分 (キロ4分)

WU＝ウォームアップ　CD＝クールダウン

		午前	午後
12日前	9/12(火)	**トラック：** [800m（2分10～12秒）+つなぎ1分30秒]×14本 WU15分（3km）　CD15分（3km）	休息
11日前	9/13(水)	18km　1時間15分（キロ4分10秒）	10km　40分 (キロ4分)
10日前	9/14(木)	**ロング走：** 40km　2時間15分（キロ3分23秒） クロスカントリーコース	休息
9日前	9/15(金)	18km　1時間14分(キロ4分7秒)	10km　41分 (キロ4分6秒)
8日前	9/16(土)	**ファルトレク：** [2分（キロ2分50～55秒）+1分つなぎ]×20本 WU10分（2km）　CD15分（3km）	休息
7日前	9/17(日)	20km　1時間17分（キロ3分51秒）	休息
6日前	9/18(月)	21km　1時間11分（キロ3分33秒） エルドレットのフラットコース	11km　45分 (キロ4分5秒)
5日前	9/19(火)	**トラック：** [400m（1分3～4秒）+つなぎ1分30秒]×12本 WU15分（3km）CD15分（3km）	休息
4日前	9/20(水)	移動　ケニア→ベルリン	
3～1日前	9/21(木)～23(土)	現地調整	
当日	9/24(日)	ベルリンマラソン 曇り時々雨 最低気温12℃／最高気温17℃	

WU=ウォームアップ　CD=クールダウン

以上のメニューを56歳のおじさん向けにアレンジをしてみました。キプチョゲメニューに対して全体的に走行距離を減らしていますが負荷はかなりかけ続ける練習内容になっています。次ページから詳細を述べます。

キプチョゲ選手のトレーニングメニューからのアレンジ例

	みやすのんき選手のアレンジメニュー			キプチョゲ選手のメニュー
1	週に80～100km、合計8時間～10時間、月間走行距離320～400km。	←	1	週に170～190km、合計11時間～12時間、月間走行距離700～800km。
2	40kmの練習会があまりなく、30kmを毎週の設定にした。 (30kmだとダメージが少なく次の日も通常通りのトレーニングができる。猛暑の夏日は毎週20km設定)	←	2	ロング走は隔週で40kmと30kmを繰り返す。
3	同じくインターバル、ファルトレク、ロング走の組み合わせとした。高強度の前日は低強度の練習、高強度の翌日は低強度の練習。とても負荷の高い高強度の練習後は2日低強度。	←	3	練習の大きな流れはインターバル、ファルトレク、ロング走の組み合わせ。
4	休みの日はなるべく作らない。 (どうしても時間が作れない日は筋トレ、ストレッチなど軽く)	←	4	休みの日を作らない。
5	レースに向けて大きくダメージを受ける可能性があるロング走を減らしスピード練習は維持。 (量から質へ)	←	5	レースに向けて明確なテーパリングをしない。

(1分ダッシュ＋1分ジョグ)×30本(計60分)
(2分ダッシュ＋1分ジョグ)×20本(計60分)
(3分ダッシュ＋1分ジョグ)×15本(計60分)
200m×20〜30本 (レスト1分)
400m×15〜20本 (レスト1分30秒)

短いインターバルのアレンジ例

(速度はすべてTペースかそれ以下)

キプチョゲ選手メニューのポイント①
とにかく短く遅いインターバルが多い

キプチョゲ選手のトレーニングの中でも多くの気づきをもらい好んでやったのが短いインターバルです。長距離ランナーは今までやったことがない人も多いかと思います。これがキプチョゲ選手のメニューの注目すべき点の一つ目です。

「こんな短いインターバルトレーニングがマラソンに役立つの？」という方もいると思いますが、56歳の私の場合、加齢は大きな壁として立ちはだかっていました。多くの中高年ランナーはサブスリーを目指すにあたってスピード練習の大切さは痛感しているはず。しかし加齢により筋力や心肺の衰え、筋肉組成の変性でバネが失われるなどで故障が多くなり、肉体もですが精神的にも折れてしまい諦めていくランナーが多いと思います。スピード持久力の維持、スピードを出すランニングフォームに大切な神経系の発達。これらが課題となってくるのです。

しかしインターバルといえばレースペースより30秒以上高い速度でやる1000m×7〜8本などが効果が高いといわれていて定番ですが、中高年にとって故障と隣り合わせになります。しかし200mや400mだと故障リスクは激減します。そして速いスピードに対応する神経系の維持はできます。さらに言うと短い距離で緩急をつけることにより、ランニングフォームの修正、確認がかなり細かくやれます。

重要な点を述べます。1分程度ならキプチョゲ選手などエリートランナー達はさぞ猛ダッシュで走っているんだろうと思いきや、そうではありません。意外にもスピード設定は低いのです。キプチョゲ選手のマラソン巡航速度はキロ2分53秒（世界記録時）、2017年のトレーニング時のベルリンマラソンの記録は2時間3分32秒ですから巡航速度はキロ2分56秒。しかしインターバルの設定は2分45秒〜2分55秒程度です。一番速くて乳酸閾値を改善するLT走レベルです。

サブスリーレベルでいうとフルマラソンの巡航速度はキロ4分15秒となり、VDOT指標※のLT走はキロ4分でいいことになります。このスピードで距離も短いインターバルなら負荷も高くなく楽だし、故障の可能性も相当低く抑えられます。VDOT指標ではサブスリーレベルではさらに上にインターバル走の設定スピードとして3分40秒、そしてレペテーションの設定として3分27秒という数値がありますが、5㎞や10㎞のレースはともか

※VDOT指標……アメリカのランニングコーチ、ジャック・ダニエルズ氏が提唱するランナーの走力指標。私は中距離走を主体とした若いアスリート寄りの設定と考えています。

く、実はフルマラソンのトレーニングとしてはさほど重要ではない数値なのかもしれません。何たってどんどん向上し続けている世界記録保持者のトレーニングで実際やってないんですから誰も反論できないでしょう。長い距離のペース走もレース速度より20〜30秒遅いものばかりでレース速度を上回るスピードでロング走はやっていません。とにかくキプチョゲ選手は自身のレースペースに慣れることに重点をおいてトレーニングを積んでいる印象です。

自分に当てはめる場合、直近のレース結果からVDOTで計算してインターバルを繰り返せばいいことになります。または自分の目指す記録から計算してトレーニング速度を設定してもよいでしょう。VDOTを計算してくれるスマホのアプリも現在は多くあります。※

左ページに掲げた表はインターバルの目標タイムです。1㎞あたりの実際のフルマラソンのスピードがMペースです。例えば4時間完走のランナーだとキロ5分41秒。Tペースと書いているのがLT走の理想スピードです。乳酸閾値は英語でThresholdと書かれることが多く、アプリでもその表記なのでTペースと記載しました。4時間完走のランナーで200mだと1分4秒、400mだと2分8秒で走ることになり結構楽だと思います。さらに私は走り始めの急加速、走り終わりの急減速はしないようにしています。これらは故障する要素を一気に高めるからです。

※http://www.attackpoint.org/trainingpaces.jsp

マラソンスピードから算出したＴペースインターバル目標タイム

	Mペース	Tペース	200m目標タイム	400m目標タイム
4時間00分	キロ5：41	キロ5：19	1：04	2：08
3時間45分	キロ5：20	キロ5：00	1：00	2：00
3時間30分	キロ4：59	キロ4：41	0：56	1：52
3時間15分	キロ4：37	キロ4：21	0：52	1：44
3時間10分	キロ4：30	キロ4：15	0：51	1：42
3時間05分	キロ4：23	キロ4：07	0：49	1：39
3時間00分	キロ4：16	キロ4：00	0：48	1：36
2時間55分	キロ4：09	キロ3：55	0：47	1：34
2時間50分	キロ4：02	キロ3：50	0：46	1：32
2時間45分	キロ3：55	キロ3：43	0：45	1：30
2時間40分	キロ3：48	キロ3：36	0：43	1：27

キプチョゲ選手はキャンプ仲間40～50人ほどで土の平坦なトラックとファルトレクといってアップダウンのあるクロカンなど路面状況を頻繁に変えて実施しています。練習する標高も最高で２４００ｍ（おおよそ富士山五合目と同じ）とバリエーションに富んでいます。私はこれらを平坦なウッドチップ舗装路とアップダウンのあるゴムチップ舗装路でやりました。このように練習の内容や環境を増やすことで自然とペースが変わり足の筋力や心肺機能を多角的に鍛えられることができます。

一人で練習をやる場合、とかく惰性ジョグで距離伸ばししてしまいがちです。色々と趣向を変えることで日々の練習に変化がつきゲーム感覚もありモチベーションになりました。気をつけなくてはいけないのは行き当たりばったりの思いつきメニューでは時間の無駄になりかねないということです。日々の練習前に今日はこのトレーニングをする、何のためにするのか、そして意識すべきことは何かを文章化しました。そして結果どうだったか、どんな気づきがあったのか、意識すべきことは守られたかをあとで確認しました。

レーススピードがそもそもゆっくり、フルマラソンで5時間以上掛かる人にとっても伝えるべき内容は変わりません。遅くてもいいから量のみ重視するというトレーニングではマラソン競技力は向上はしません。普段より速いスピードで走ってみてください。少しだけでもゼェゼェハァハァしてみましょう。短い距離でいいので気持ちがいいと思えるスピードで繰り返し走る練習を1週間に1~2回は入れてみるとよいでしょう。

キプチョゲ選手メニューのポイント②
ポイント練習と回復走を1日おきにやり続ける

そしてキプチョゲメニューの注目すべき点の二つ目はこれらのポイント練習を回復走と1日おきにやり続けるということです。キプチョゲ選手の練習は土道が多く、トラックでさえ土道です。足に優しい環境で着地衝撃を最小限に抑え、インターバル練習もペースをそこまで上げないことでポイント練習を週に3〜4回やり続けることを可能にしているのだと思われます。

回復走といってもキプチョゲ選手は朝に18㎞、夕方前に10㎞、計28㎞を走ります。さすが世界記録保持者です。距離を見てしまうと「そんなに走ったら故障するのがオチ」と、市民ランナーとしては難しいと感じてしまいますが、時間として見ると70分と40分程度です。私はおおよそ10〜15㎞程度に設定して1日に1部練にしました。それでお腹いっぱいです。

回復走のスピードは基本的には心拍数によって決めました。その日の気温に左右されますがおおよその疲労度を把握できます。自分の最大心拍数と安静時心拍数を知っておくことはマラソン練習において重要です。最大心拍数は加齢で落ちていく傾向があります。《220－年齢》でおおよそ算出されますが、人それぞれであり、60代でも200bpmを越える人もいます。私は最大心拍数が170bpm、安静時は45bpmほどです。

私は心拍数130bpmを基準にして走ります。これは最大心拍数×0・75で計算しました。0・75という数字は前述の『ダニエルズのランニングフォーミュラ』におけるE※（Easy）ペース（最大心拍数の65〜78％）、『アドバンスト・マラソントレーニング』の回復走（最大心拍数の76％未満）、『リディアードのランニングバイブル』（最大安定状態の70〜80％）か

※Eペース……ダニエルズ式トレーニングで最も時間を費やすべき基本の練習。速度設定はレースペースより低いがスロージョグではない。

ら導きました。

回復走といっても本当にとろとろのゆっくりジョグではいけません。具体的に私の場合、おおよそ回復走はキロ5分20〜30秒程度で走ることになります。疲れている時は安静時の心拍も上がりますからもっとペースが落ちます。おおよそキロ5分50秒〜6分程度でしょうか。そこまで速くないでしょう？　キプチョゲ選手の専属コーチであるパトリック・サング氏は「私の感覚だと、日本人選手のリカバリーラン（回復走）は少しスピードが速いのかなと思います」と言っています。ちなみにキプチョゲ選手の場合、心肺能力レベルが高いので回復走といえどもキロ3分55秒〜4分15秒です（最低でもサブスリーペース！）。とはいえVDOT指標に当てはめてみると彼のEペース走の設定はキロ3分23秒〜3分36秒ですから、サング氏の言うとおりはるかにのんびりと走っている感覚なのかもしれません。

一方でレーススピードとかけ離れた極端にゆっくりとしたジョグは、ランニングフォームもかなり違ったものとなり無駄な意識も入りがち。マラソン練習としてはマイナス要素が高いものです。前述の三書にも「ゆっくり長く走る」LSDという練習メニューは登場しません。ゆっくりとしたジョグにもメリハリをつけて、地面反力をもらうポイントを意識して走りましょう。私の書くところの回復走は前日の疲労抜きという意味合いもありますが、毎日走動作を繰り返し、次のポイント練習に繋げていく要素が高いです。ポイント練習の前日に「明日は速く走るから備えて休養を取ろう」と考えて完全休養としてしまうとかえって重たい身体になって、やる前から動きが悪く疲労を感じることがよくあります。私がマラソン大会前にも速い動きのダッシュなどを入れるのはそのためです。

もちろん大会を毎週のように入れ続けるランナーはこの限りではありません。その場合、休息日や疲労抜きのジョグの機会は増やすべきですし、そうしないと全体の負荷が高くなりすぎて故障する頻度が高くなります。

キプチョゲ選手メニューのポイント③ テーパリングをあまりしない

専属コーチのサング氏はフルマラソンの準備は〝マクロサイクル〞と〝マイクロサイクル〞を意識しますと言っています。「マクロサイクルでは、1年で4月と10月に二つのピークを作ります。その二つのサイクルの中でリカバリー、準備、試合前と3～4段階くらいのフェーズを作り当日のレースを迎えます。これがマイクロサイクルです」。キプチョゲ選手は6年間この二つのサイクルでずっとやってきたそうですが、この期分け自体はそこまで珍しいものではありません。

しかしテーパリング※は違います。驚くことにキプチョゲ選手は練習スケジュールを見る限り、レースが近づいてもあまりテーパリングせず、ベルリンに旅立つギリギリまでハー

※テーパリング……トレーニングで蓄積した疲労を抜くため大会に向けて練習量を徐々に減らしていくこと

14日前	30km ペース走 練習会（キロ4分19秒）	砂利道
13日前	100m（キロ3分50秒）×20本	ウッドチップ舗装路
12日前	[1分（キロ3分50秒）＋1分つなぎ]×20本	ウッドチップ舗装路
11日前	15km 回復走（キロ5分40秒）	ウッドチップ舗装路
10日前	[2分（キロ3分50秒）＋1分つなぎ]×15本	ウッドチップ舗装路
9日前	1kmTT（3分20秒）＋100m（キロ3分50秒）×5本	ウッドチップ舗装路
8日前	10km 閾値走 練習会（キロ3分50秒）	ゴムチップトラック
7日前	筋トレ（ヒップリフト、スクワット、ランジ）、200m（キロ3分50秒）×10本	ウッドチップ舗装路
6日前	11km 回復走（キロ5分40秒）	ウッドチップ舗装路
5日前	16km 回復走（キロ5分40秒）	ウッドチップ舗装路
4日前	[1分（キロ3分50秒）＋1分つなぎ)×10本	ウッドチップ舗装路
3日前	10km 回復走（キロ5分30秒）	ウッドチップ舗装路
2日前	200m（キロ3分30秒）×8本	アスファルト舗装路
1日前	2km 走（キロ5分10秒）	ウッドチップ舗装路

つくばマラソン前2週間の練習（テーパリング）

ドなままメニューを持続させてレースに臨んでいます。キプチョゲ選手はまだ若いので疲労回復が追いつくのでしょうか。

私の場合、さすがにこれはやや自重して2週間前から練習メニューの強度は下げました。上の表に私のつくばマラソン前2週間の練習スケジュールを掲げています。この時期もキプチョゲメニューだとバリエーションが豊富で楽しめました。でも私の場合、足にやさしい環境で練習しているので一般的なテーパリングよりかなりハードな練習だと思います。普通の舗装路だともっと強度を落とすと思います。

泥臭い練習を続けるのみだ！

ここぞというポイント練習で粘って辛さに耐えると「これだけハードな練習をしたんだから絶対に大丈夫だ」と、フルマラソンの後半の苦しさを我慢できる強い精神力に繋がります。

しかしトレーニングの時間を長くやることにこだわったり、どれだけ自分に負荷を課しているか、キツいメニューをやり続けているかに対価を求めてはいけません。それらの多くはレースで高いパフォーマンスを出すという目的ではなく、レースへの不安な気持ちをかき消すために行なってしまっているのがほとんどだからです。練習のための練習では単なる自己満足に陥ってしまいます。

私はこの度、幸いにして第38回つくばマラソンで自己ベストを更新しましたが、錯覚して欲しくないのは「この練習が効果があったのだ」と短絡的に考えてしまうことです。雑誌によくある「私はこの方法でサブスリーを達成できました」というものも同じ類です。よくスクワットなど筋トレや縄跳び、体幹トレなど紹介されていますが、それらにヒントが隠されているというより、またどれかに大きな効果があるというより、実は日々の堅実なジョグに普遍的な効果があったりするのです。

例えば箱根駅伝で「体幹トレーニングであの大学は高い効果を上げた」とか報道されると、こぞって市民ランナーはそのトレーニングの真似をします。記事になるのは筋トレ、HIIT、ヨガのようなキャッチーなトレーニングでしょうが、結果に繋がったのは間違いなく年間を通した走り込みによる成果でありましょう。

また最近、記録が頭打ちになったという人は以前の練習日記を紐解き、自己ベストを出せていた時の練習をトレースしようとしがちです。その結果、「記録が出たのはこのポイント練習のおかげである」と錯覚してしまうのです。実はその大会で自己ベストが出たのは故障をせずに全体的に高強度なトレーニングが積めたことが大きな理由なのにです。

逆によく聞くのが大会前に怪我をした、インフルエンザになって練習ができなかった。けれど大会ではいい記録が出たという例です。これも練習を休んだから結果がよかったと考えるべきではなく、全体的に追い込めたいい練習ができていたのでちょっとした故障や休息はあまり影響がなかったと考えるべきです。

あくまで練習スケジュールやテーパリングについては、その時、そのランナーに勢いがあり、上り調子でランニングフォームや体調など身体をいい状態に保って充実した練習ができていれば、おおよそどんなメニューを組み込んでも同じような効果は出る傾向にあるのです。是非ご自分の練習メニューの構築を楽しんでみてください。

第10章

つくばマラソンに向けてのポイント練習「上方修正への道」

グループポイント練習への積極的参加

56歳になった私が第38回つくばマラソンで自己ベスト記録更新を目指して、主にグループで行なったポイント練習を時系列でまとめてみました。当然、日々のジョグは大切です。それがマラソン練習の根幹的役割を果たすことは間違いないのですが、今までも成功レース後に振り返ると「あの時に大きく躍進できたな」とか「あの練習で自信がついた」と思える精神的支柱となった爆発的なレベルアップポイントが存在します。特に効果があったものを◎、効果があったものを○、まぁまぁ効果があったものを△として一言寸評もつけました。

サブスリーしたいなら「サブスリーが当たり前」の環境に身を置く

一人で走る方が気楽。それわかります。しかしレベルの高いチームやグループに身を置くこと、練習会に参加することにより、刺激を受けて「サブスリーが当たり前」の環境に身を置くことも大切だと思います。

心理学でいうと人間は自分が上位になれるグループに所属しがちだといいます。負けてばかりや置いてきぼりを喰らったり、コンプレックスを感じるのは誰でも気持ちのいいものではありませんものね。

しかし自己ベスト記録更新を狙いたいので私は敢えて厳しい集団走ができる練習会に行くようにしています。私はこのように本を書かせてもらっていますが、私よりレベルの高く速い先輩はたくさんいます。周りを見回せば『ランナーズ』のフルマラソン1歳刻みランキングで10位以内のランナーなんてざらです。ポイント練習では毎回緊張して不安と葛藤の中を自分の弱い心と闘っています。私はその先輩らの背中についていくだけで精一杯の練習を自分に課しています。だからこそ成長できているんだという実感があるのです。乗り越えた先には希望が待っていると信じて。

第38回つくばマラソンに向けてのポイント練習記録

2018/ 6/16（土）	済美山トラック 800m2分52秒 (キロ3分35秒) ×10回	△	**7本でペースダウン、一人置いてきぼりを食らい危機意識を高めた。** 済美山トラック競技場は杉並区にあるゴムチップ舗装の400mのトラック。織田フィールドに比べアクセスがやや不便なこともあり、利用者が少なく混雑によるストレスがあまりないので時々利用している。
6/30（土）	大山詣 28km 上り2時間7分 下り3時間3分	△	**集団走の登りで置いてきぼりを食らい、練習不足を思い知る。** 神奈川県の秦野駅〜ヤビツは基本登りの13kmロード、ヤビツ〜大山〜東海大学前まではトレイルラン。猛暑日で途中から疲労困憊。前半のロードは富士登山競走、後半のトレイルは擬似ハセツネCUPのコースを体験できるお気に入りの山道。

7/7（土）	駒沢公園 10周　21.4km 1時間48分 (キロ5分)	◯	**7月に入り暑熱順化でペース走を行なうことにした。キロ5分でもキツかった。** 世田谷区にある駒沢公園は学生陸上部、エリート市民ランナーなど多く訪れる言わずと知れたランナーの聖地。2.14kmの周回ランニング走路はラインが引かれており、道幅も広い。皇居に比べてノンストレスで走ることができる。木陰も多く夏場も比較的走りやすい。
7/14（土）	駒沢公園 10周　21.4km 1時間48分 (キロ5分)	◯	**暑い。テレビでは不要不急の外出は控えるようにアナウンス。しかし走っている人はいつも通り走っている。** 暑い中を走るから練習になるというより、シーズンオフを作らず、一年を通して高いレベルの練習を持続することが結果に繋がると思う。
7/18（水）	高尾〜陣馬山 往復28km 4時間30分 (休憩含む)	△	**暑いためにこまめに休憩を取りすぎた。** 高尾山〜陣馬山往復は実業団の選手も利用しているメジャーなトレイルコース。休日には登山客も多くかなり混み合う。シングルトラックも多いのでマナーが大事。
7/21（土）	駒沢公園 10周　21.4km 1時間48分 (キロ5分)	△	**暑い。全く暑さに慣れる感覚なし。**
7/28（土）	代々木公園内周 30km 3時間8分 (キロ6分17秒)	△	**暑い。久しぶりに30kmを一人でやって全く後半動かずキロ8分台まで落ちた。** 渋谷区代々木公園の噴水起点の内周コースは1.15kmで、ほぼ木陰で夏場の陽射しを避けられる。しかし歩行者も多く早朝など時間を選ぶ必要あり。
8/4（土）	駒沢公園 10周　21.4km 1時間48分 (キロ5分)	△	**暑い。グループ走で置いてきぼりを食らいそうになるが何とか粘る。暑熱順化は無理かもと思い始める。**

8/11（土）	三鷹〜多摩湖 往復42km 4時間47分	◎	**とても苦しかったが多摩湖1周はクラブの先輩らと本番レース並みに追い込めた。皆より走れたのは暑熱順化なのか。** 例年夏場の気合い入れに参加している練習会。多摩湖自転車道路は武蔵野市・西東京市・小平市・東村山市・東大和市にまたがっている東京で一番長い直線道路（なぜかグーグルマップでは空白表示）。多摩湖は狭山丘陵のダム堰止湖で西武ドーム球場が目の前にある。
8/18（土）	駒沢公園 14周　30km 2時間30分 （キロ5分）	◎	**気温下がり驚くほど涼しい。距離を変更しここぞと30km走る。**
8/21（火）	織田フィールド 800m3分4秒（キロ3分50秒）×8回	△	**久々のスピード練習。レストの短さに対応できず置いてきぼりを食らう。** 織田フィールドは渋谷区の代々木公園の渋谷駅側の一角にある陸上競技場。都心でアクセス良好のために一般開放日は学生ランナーや一般市民ランナーで大混雑。
8/25（土）	駒沢公園 10周　21.4km 1時間48分 （キロ5分）	◎	**夏季メニュー終了。暑かったが夏にじっくりロング走を組み込めたのはよい土台作りになった。かなり乳酸閾値が改善され、安静時心拍数もかなり下がった。**
9月2（日）	済美山トラック 16km 1時間8分 （キロ4分12秒）	◎	**秋以降を占う試金石。苦しかったが何とか粘れて後半上げられた。**
9/9（日）	代々木公園内周 25km 1時間59分 （キロ4分46秒）	◎	**済美山16kmペース走の調子がそのまま持続している感覚。秋口に入り調子が上向きに感じる。**

9/12（水）	赤坂東宮御所 16km 1時間30分 (キロ5分40秒) ＋神宮外苑 インターバル 1km×3本	△	**「ランニングによるエネルギー消費量は走り始めてから約90分後に増加する」という記事を実証するために90分16㎞ほどをキロ5分40秒で走ったあとに神宮外苑に移動してインターバル。1本目4分7秒、2本目4分3秒、3本目は3分54秒。普通のインターバルよりストライドが下がりピッチが上がる傾向。やはり一人では追い込めず効果のほどはわからず。** 赤坂東宮御所周回は3.3㎞で平坦路は1㎞に満たないほどアップダウンが多い。コース幅が狭いところもあるが歩行者も少なくほぼストレスフリー。神宮外苑はフラットな1.35㎞の周回路。距離表示もあるが、段差、歩行者が多い箇所もあり気を遣う時もある。
9/17（月）	済美山トラック インターバル1㎞ （キロ4分）×30本	◎	**キロ4分で1㎞ずつ刻むとそこまでキツくなく、後半調子が上がっていった。何だ？それ的な練習だが面白かった。**
9/19（水）	代々木公園 クロカン20㎞ 2時間13分 (キロ6分36秒) +内周インターバル 1㎞×3本	△	**前回の効果がわからなかったので再度。インターバルの速度も上がったので効果があるのかもしれない。 インターバルは1本目3分56秒、2本目3分55秒、3本目3分49秒で終了。** 代々木公園クロカンは約3.3㎞のほぼ土道の周回路。多くの市民ランナー、実業団のケニア人選手も好んで走るコース。犬の散歩や歩行者も多いのでマナーは大切。
9/23（日）	代々木公園内周 15㎞　1時間5分 (キロ4分25秒)	◎	**足回しやピッチに改善が見られ、かなりバネを感じるようになった。**
9/24（月）	済美山トラック 30㎞ 2時間8分 (キロ4分16秒)	◎	**10㎞ずつ引っ張ってもらい暑さに悶えながらも完走できた。この辺でつくばマラソンでサブスリーはできるだろうと思い始める。** 最初の10㎞はキロ4分30秒、20㎞までキロ4分20秒、30㎞までキロ4分10秒のビルドアップ走。

9/29（土）	代々木公園 クロカン20km 1時間35分 （キロ4分50秒） +内周インターバル 1km×3本		**クロカンのスピード設定が速かったために、インターバルは足がかなり重かった。インターバル3本。1本目4分1秒、2本目3分59秒、3本目4分1秒。**
10/2（火）	代々木公園内周 16km 1時間30分 （キロ5分40秒） +織田フィールド インターバル 1km×5本 ＋5kmペース走 （キロ3分50秒）	◎	**調子がよくストライドもよく伸びた。この感触ならつくばマラソンの設定を上方修正してもいいかもと思い始める。** まず疲れた足をということで代々木公園外周コースをキロ5分40秒で1時間30分。 1本目3分35秒、2本目3分34秒、3本目3分36秒、4本目3分32秒、5本目3分23秒。 一休みして5kmペース走。キロ3分50秒で流す。
10/6（土）	済美山トラック 10km 39分37秒 （キロ3分53秒）	◎	**そこまで上げるつもりはないのだけれどスピードが出てしまい最後まで終始楽だった。**
10/7（日）	代々木公園内周 30km 2時間22分 （キロ4分35秒）	△	**22kmまでキロ4分15秒だったが、以降単独走となりペースがた落ち。そんな日もある。**
10/14（日）	皇居 30km クラブの練習会 2時間6分 （キロ4分15秒）	◎	**後半キツかったが、仲間に引っ張ってもらい何とか粘る。給水など配慮に感謝。** 皇居周回は半時計回りが基本の5kmコース。割とアップダウンも多く、狭い道で荒れた路面の箇所もあるが、都心でアクセスもよくランステがたくさんあり、遠方からくるランナーも多いメッカ的な存在。行楽客とタイミングが合うと大混雑で走れないこともあり十分な配慮が必要。

10/21（日）	多摩川 30km 2時間7分 (キロ4分12秒)	◎	**強風によりペースが安定せずキロ4分5秒程度が続くが必死に喰らいつく。久しぶりの砂利道に難儀。後半死ぬほど苦しかったが何とか粘る。多摩川は砂利道で走りにくく、しかし足には優しい。雨の水溜りもところどころ。最後の1kmは3分55秒。** 多摩川での練習は広い河川敷なのでどんなレイアウトも取れるが、私が利用するのはスタート地点を中心に2.5kmずつ上流下流に往復するコース。スタート地点に給水所を設置。ある程度平坦な砂利道が延々と続く。かなりケニアの平坦な土道にイメージが近い。走りにくいが、ここでスピードを出すことでバランスも含めて鍛えられ、地力が間違いなく強化される。
10/23（火）	玉川上水42km 4時間32分 (キロ6分20秒) 水以外は無補給	△	**単独走。後半、重たい足を作れて、いい感じで粘ることができた。** 玉川上水は江戸時代に造られた羽村から四谷大木戸までの素掘りの水路。その脇に細い小道が続く。途中何度も信号や段差に分断されるが、土道も多く自動車や自転車の並走もなく走れる。夏場も木陰が多く強い陽射しに照りつけられることもあまりない。
11/4（日）	皇居 30km クラブの練習会 2時間7分 (キロ4分12秒)		**クラブの大先輩レジェンドに引っ張ってもらうが設定が速すぎて後半に置いてきぼりに。しかしその後によく粘れた。** 5km 21分設定。
11/11（日）	多摩川 30km 2時間10分 (キロ4分19秒)	△	**調子がよく感じて前半を飛ばしすぎてしまった。10km以降に失速……、失敗走だと凹んだが、ガーミンをチェックすると後半割と粘れている。** 下流側に長い工事区間がありとても走りづらかった。
11/17（土）	済美山トラック 10km 39分10秒 (キロ3分50秒)	◎	**多摩川の砂利道での30km走がかなり効いている感じで調子がよかった。大会当日の天候や体調もあるが上方修正を確定した。**
11/25（日）	**第38回つくばマラソン当日**		

第11章

つくばマラソン当日、いざ決戦へ!

決戦の日が来た。あとはヤルだけだ!!

さて第38回つくばマラソンのある2018年11月25日当日を迎えました。前回の第37回大会では3時間ギリギリの2時間59分18秒でゴール。もう42秒、1㎞につき1秒遅かったら3時間を超えていたと思うと冷や汗ものです。もう全く余裕がありません。今までのサブスリーで一番悪いタイムでした。「フルマラソンのタイムは1歳につき1分30秒ずつ低下する」といわれるのが事実ならば、私は今回頑張っても3時間を越すということになります。夏場からの練習は順調で故障もなく、タイムも上方修正を念頭にやってきましたが、前年のタイムを考えると不安をかき消すことはできませんでした。

夏から秋までのロング走の経験を踏まえて、今回の戦略としては前半に突っ込みすぎないことが大事と感じました。私はここぞというスピードを持ち合わせたランナーではなく、ペースが一定であまり後半に失速しない、いわゆる粘れる後半型と思っていますが、そうは言ってもやはり前半突っ込みすぎてダメージが大きいと、後半の崩れ方が大きいです。自重はしつつもしかしハーフの時点21・09㎞である程度の貯金は欲しいとは思います。前半をある程度は速く走り、貯金を蓄えて後半は苦しい中でもなるべく粘れるように足を残せるようにしようと思いました。前年も30㎞過ぎはトラウマになるほど身体中が痛くキツかったですが、まぁ、今年もそうなるんだろうな……と今から涙目です。

つくばマラソンを走るにあたって遠距離からつくば市、土浦市などに前泊して大会に備える選手も多くいますが、私は当日の始発電車でも十分間に合います。なるべく前日夜には睡眠時間を取りたいので午後6時にはベッドに入りごそごそ。外はまだ真っ暗の朝3時には起きてバター入りのコーヒーとともにおいなりさん4個、菓子パン、野菜ジュースを飲みました。うっすらと夜が明け始める午前6時台のつくばエクスプレス快速に北千住から乗車。やはりつくばマラソンに向かうスポーツジャージに身を包んだ乗客が多く、去年に引き続き満席で座れませんでしたが、南流山駅で何とか座れました。

スタート前は思ったよりリラックス

つくば駅の手前の研究学園都市駅で相当乗客は降りましたが、私は安定のつくば駅終点下車。学園都市から会場までのシャトルバスに並ぶより、つくば市中央公園から筑波大学キャンパス構内をアップがてら小走りで抜けて行く方が気持ちもリラックスできて好みです。公園内を走っていて感じましたが「今日は思っていた以上に寒くない」。ジョグで軽く汗をかくくらいです。去年はスタート付近でひたすらウインドスプリントを繰り返しても汗が出ないほど寒かったのに。待機前の防寒の心配がないだけでもひと安心です。会場の選手更衣テントに到着してヴェイパーフライ4%に履き替えます。今までのターサージールは家からマラソンまで履きっぱだったので高価な靴はやはり特別扱いですね（笑）。

スタート地点に向かう前に一旦ゴール地点である陸上トラック場に入って距離感を思い出すために確認。200mほど先のゴールのアーチゲートを遠目で眺めて「きっとサブスリーであそこに駆け込んでみせる、いや、エイジシュートを達成して自己ベストで！」と気合いを入れました。

そこから数百m先のスタート地点に到着して何度かウインドスプリントをしていると徐々に選手が集まってきて整列し始めたので並びました。気温は低いですが集団の真ん中にいるとそこまで寒くなかったです。今回のつくばマラソンのゲストランナーは『誰も教えてくれなかったマラソンフォームの基本』で素晴らしいランニングフォームを披露してもらったサイラス・ジュイ選手。同じくゲストの片岡純子選手は練習で何度かご一緒したことがあります。周りにもたくさん知り合いランナーがいて変な緊張感もなくスタートまで木漏れ日の晩秋漂う筑波の朝をリラックスして過ごせました。

ついに第38回つくばマラソンの号砲が鳴った！

「バーン!!」午前9時の第1ウェーブスタートの号砲とともに無事に走り出しました。スタート時のグラウンドコンディションは晴れ、気温7・6度、湿度66%、北西の風2・3m／s。そこまで寒くもなく暑くもない、タイムを狙うには絶好の条件です。スタートして500mほどで立体交差の上り下りをクリア。足の調子も悪くないようです。体調もなかなかのコンディション。体重は54㎏。風邪も引かずこの日を迎えられたことに感謝です。レースプランとしては前半ハーフまでキロ4分で攻めることにしました。キロ3分55秒より速くは走らず自重することで後半に粘れるはずです。後半は徐々に落ちるだろうと思いますがキロ4分10秒以下には下がらないようにする気構えです。今までやってきた練習が正しければ少なくともその設定でゴールできると自分を信じました。

走り出しは1㎞の入りが3分58秒、続く2㎞も3分58秒。以前だったらこれは速いと自重するところですが息も切れないいし、キツくもなく速すぎるとは思いませんでした。このまま行ける感じで行こう。そう思ったらいきなり3㎞目にキロ4分8秒に落ちました。「あぁ、これが適正?」と思い直すも、その後も4分1秒、3分59秒と刻みペースはそこまで落ちずに平均キロ4分ほどで進みました。GPSウォッチの誤差だったのかもしれません。5㎞の通過が20分16秒、サブスリーペースだと5㎞を21分15秒で刻むわけですから1分貯金ができたことになります。いい調子です。

ヴェイパーフライ4%も春先から接地ポイントをずっと意識して練習してきたのでうま

く反発をもらえている感覚でした。クッション性があるシューズを履くと一旦沈み込むような感覚があり、地面の反力をもらいにくいというか、タイミングがずれる感覚があるのですが、ヴェイパーフライ４%にはそれがあまり感じられません。とにかく足を回させられる印象です。

10㎞の通過タイムが40分25秒（5〜10㎞のラップ20分09秒）。サブスリーペースから2分の貯金に増えました。淡々と広々とした大通りを走ります。つくばマラソンのコースから見える景色はかなり地味です。去年はコースの変わり映えのしない景色に「一体どこを走っているんだろう？ 次の曲がり角はどこなんだろう？」とランドマークになる目標物を見つけられないまま、肉体より先に精神的に疲れてしまった反省点がありました。なので今年は漫然とコース紹介動画を見ず、小さな看板や建物などランドマークをきちんと覚えて距離感を把握して大会に臨みました。しかし公式動画はすさまじい早送りなので、参加ランナーの撮った動画の方が実際に走っているスピードに近く参考になりました。動画であろうと見たことがある風景が出てくると安心します。これらの効果は絶大でかなり精神的に楽に感じました。

工業団地中央の交差点を左折して15㎞の通過が1時間25秒（ラップ20分00秒）。エネオスのガソリンスタンドを過ぎて少しだけ疲れを感じました。10〜15㎞のラップが少し上がっているのでややオーバーペースだったのかもしれません。20kmの通過が1時間20分43秒(15〜20kmのラップ20分18秒)でした。20kmまではほとんど呼吸も苦しくなく足も調子がよかったです。しかし3分後半を維持していたタイムが21kmあたりで初めてキロ4分6秒に自然に落ちました。そうこうしているうちにハーフ地点の「らーめん いや どうも」前を1時間25分13秒で通過。レビューも「コクがあり、あと引く旨さの味噌ラーメンが自慢」とあり、このお店いつか行ってみたいと思いつつも、なかなかつくばマラソン以外に用事がなく行けてないです。

今回はエナジージェル類は携帯しませんでした。夏場からやってみたロング走の補給の試行錯誤で、糖分の濃いものをガツンと飲むことは私にとってあまり効果がないことがわかっていたからです。タイムにも影響はありませんでした。ジェル類を飲むと脳には栄養にはなると思いますが、集中力が高まるというより、あれこれ考えが分散し始めて取っ散らかる印象です。ジェル類は水分を含むために重量もありますし、開封して飲む行為がストレスだったので糖質補給は給水ポイントのアミノバリューのみにしてみました。オリンピックや世界陸上などのマラソンのテレビ中継でトップ選手らがジェルを摂っているシーンはあまり見たことがありませんし、私の場合、結果的に給水所のスポーツドリンクのみの糖質補給で問題はなかったように思えます。

やっぱりヴェイパーフライ4％を履いても30㎞の壁は……あった！

25㎞の通過タイムは1時間41分16秒（20〜25㎞のラップ20分33秒）。いまだキロ4分1桁台ですが4分10秒を超える区間もちらちら増えてきました。1㎞につき3秒ほど落ちてきました。給水ポイントのセブンイレブンつくば島名店付近の25〜27㎞の上り下りは少しヤラれました。なだらかな坂道でコース紹介動画の早送りでは全く確認できず、去年走ったのにその存在を覚えておらず「え、ここはこんなに下っているのか、上ってるのか」と驚きました。この驚く行為が脳の糖質ロス。そこらへんですごくピッチが早いランナーさんがいて、かなり抜きつ抜かれつの展開だったので共闘しようと話しかけてペースを作りました。このあたりから徐々に苦しくなり深呼吸を意識してし始めたと思います。呼吸が苦しくなってきたら意識的には腹まで空気を入れる気持ちで深く呼吸。コレをやるとキツい中でも少しは楽になるのは経験則でわかっています。

30㎞通過は2時間2分1秒（25〜30㎞のラップ20分45秒）。去年と同じ展開で研究学園都市の折り返し30㎞の手前でかなり失速気味になってきました。30㎞の壁が高く立ちはだかります。給水所付近の混雑で少し共闘ランナーさんと間が空きました。去年走った時と同じ展開。トラウマが甦ります。あの時も檄を飛ばし合いながら走っていたクラブの先輩Oさんと少しの間が空いたっきり、徐々に失速して元に戻せず30㎞からの道が本当に辛かったのです。ほんの数mなんだけれど、このちょっとの距離を狭めることができません。タイムは30㎞以降キロ4分10秒より上がらず厳しい展開です。

いわゆる30㎞の壁。私の考えるマラソンにおける30㎞以降の壁というのは糖質などエネルギーの枯渇、乳酸が溜まってしまうといった理由より、筋損傷が大きいんだと思っています。例えるならば、皆さんは宅配便の商品梱包に使う緩衝材、いわゆるプチプチをご存知だと思います。あれが筋肉の中と思ってください。マラソン大会のスタート前はプチプチ一個一個のふくらみに潤い成分が溜まっていて、パンパンに膨らみとても弾力がある状態です。それが着地衝撃により、中の水分がにじみ出し、プチプチが潰れて弾力が失われていきます。そうすると筋肉は収縮活動が妨げられて硬直していきます。速く走ろうにも筋肉がこわばって動かせない状況になります。スタート直後は軽く回っていた足もふくらはぎの感覚が麻痺して重たい感じになりうまく回転できなくなりつつありました。

徐々に離れていく共闘ランナーさん。後で彼のラップをランナーズアップデートで見てみると、その後もきれいに20分台のラップを並べてました。この力が自分にはまだないんだなと思いました。しかしそうはいってもまだキロ4分12秒台。サブスリーのキロ4分15秒ペースは上回っているのです。去年の自分は30㎞以降は4分20秒台に落ちていました。

このたった8秒分の差のために暑い夏場から秋にかけて苦しい練習をやってきました。

今までの練習は何のためにやってきたんだよ⁉

魔の30㎞を過ぎてから去年は足裏や股関節に激痛が走ってヤバかったのですが、ヴェイパーフライ4%のおかげか痛みはさほど感じませんでした。しかしその代わりと言っては何ですがハムストリングスや大臀筋、走るための出力筋にどんどん重たい感覚が増してきました。こんな感覚は初めてです。ヴェイパーフライ4%を履くと30㎞以降の足裏やふくらはぎ、いわゆる末端部分の痛みは大幅に改善されました。そこで足りないものが本番レースで見えてきました。これは足裏やふくらはぎの痛みがなくなったのでお尻やハムストリングスの痛みや重さがひときわ目立ち感じられるようになったのか、それとも「ヴェイパーフライ4%を履きこなすには筋トレが必要」説を裏づけるものなのかはわかりませんでした。しかしヴェイパーフライ4%を履くにあたってケニア人選手が筋トレを開始したという話も聞きませんし、おそらく前者が正しいと思います。いずれにせよ「どっちみちもう少しスクワットやランジでお尻や腿裏鍛えとくんだったな……」と思いました。しかしそう思っても後の祭りです。

31～32㎞の宇津木農園前の給水所までは風も強く失速気味で4分17秒。去年は4分21秒。

そう大差ありませんが、去年はこの後にどんどん4分20秒台後半～4分30秒台まで落ちる一途でした。ヴェイパーフライ4%もこの30km過ぎは「バスッ、バスッ」という着地音になりがちでした。足が元気なうちは「ポッ、ポッ」という短い接地音でこなせるのですが、30km付近から35kmあたりは着地する場所がミッドフット寄りにズレてしまい美味しい部分を使えていなかった気がします。ヴェイパーフライ4%は特殊な構造のために独特な着地音がします。そして間違った着地になると音が教えてくれるのです。正しいと「ポッ!ポッ!」と短い音がしますが、間違ってると音がしなかったり、「バソッ」とか「ズザッ」という音になります。ただうまく着地はできなくなったとはいえ、厚底シューズの恩恵はありました。実際、去年の身体のダメージからするとかなり楽に感じました。距離も遠く感じず気力もまだ衰えていません。

34kmのKASUMIフードスクエア学園の森店前の給水ポイントでお汁粉がコップで出されます。去年は取りました。「糖分ガツンと」は摂らないと決めていましたが、疲れているし飲んでもいいか……とテーブルによれよれと寄っていきました。その時に突然GPSウォッチのアラームが鳴り響きました。タイムが落ちてきたら設定でアラームが鳴るようにしていたのです。今回はキロ4分25秒に設定していました。私のGPSウォッチの記録でもこの33～34kmが4分20秒掛かっていて一番落ち込んでいます。これは「もう甘いもん摂るな」という天の声だと解釈して素通り。お汁粉ポイントのテーブルは最短コースからはやや外れているのでその分ショートカットできてるしとプラスに考えるようにしてスルーしました。

35km手前の国土地理院交差点は応援ポイントでたくさんの人が沿道にいます。35km通過が2時間23分24秒（30〜35kmのラップ21分23秒）。このラップが全行程の中でやはり一番落ち込みました。しかしこの時点でサブスリーの設定タイムより5分以上の貯金を持てました。お汁粉を取らなかったのが功を奏したのか、「35kmだ！あと7km！たった7km！」という気持ちの切り替えからか、中だるみから抜け出し、以降プチスピードアップができました。徐々に周りのランナーを抜かし始めました。

そこから口の堀陸橋までの動画は一番繰り返し見てコースマネージメントもできていました。去年は意識朦朧として「どんだけまだあるんだ？」と気持ちが疲れてしまったからです。その成果かかなりのランナーを抜いたと思います。口の堀陸橋の上りを歩いてしまうランナーもいますが、「坂は短いから苦しい時間はすぐ終わる」と言い聞かして身体を前傾にして上りました。かなり前半を突っ込んできたランナーには「あとまだ7kmもあるのか……」と心がポッキリ折れるポイントでもあります。足は重たいながらも去年はあれだけ辛かった上りがそこまで苦しくない。1年練習してきた成果を感じられました。これからのコーナーの流れも距離感もわかっているし、もう補給もそこまで身体は欲していないようです。

徐々にランニングフォームは崩れてきてしまっているのでしょう。ヴェイパーフライ4%の反発は感じたり感じなかったりですが、あきらかにポッ、ポッという着地音に復活しています。GPSウォッチは35㎞からキロ4分10秒、4分12秒、4分06秒と刻んでいます。まだサブスリーペースのキロ4分15秒より上を維持、この時点で相当な大崩れがない限りサブスリーは間違いないと確信しました。こうなったら自己ベストとの戦いです。今までの自己ベストは第1回水戸黄門漫遊マラソンの2時間57分です。それを上回り、さらにエイジシュートの56分切りを達成できたら美味しい酒が飲めるでしょう。

37㎞以降は失速組が一定数います。やはり自己ベストを狙って突っ込んで、自分の設定したペースに耐え切れず、身体が悲鳴を上げて心折れたのでしょう。それはそれで自分の限界に挑戦したんだからオッケー。本望だと思うし、何ら恥ずべきことではありません。私は最悪サブスリーでいいやという気持ちがありました。手の甲に書いたタイムもサブスリーの設定タイムのまま。それより前に走っていればいいやくらいでいれば気持ちも楽。自己ベストが出るならラッキー。そのくらいの気構えで走ったのでタイムに必要以上に追い掛けられるプレッシャーもありませんでした。

とはいえ呼吸は苦しく足も重たくなって全身疲労もすごいことになっていましたが、不運にも失速する言い訳はありませんでした。マラソンはシンプルではありますが精神的な強さがものすごく試される競技だと思います。サブスリーを目指す人間は3時間、ずっと自分の心の弱さと葛藤し続けなくてはいけません。「足が痛い。スピードを落とした方がいいんじゃないのか？　このままのペースで最後まで走り切れるのか？」。そんな疑問や不安が矢継ぎ早に頭をよぎります。そしてその小さな心の揺れが結果に大きな差として現れることになります。それゆえ自分の今までやってきた練習を信用する。自分の可能性を信じ抜く。自分を裏切らない。そして自分の限界を超えてみせるという強い気持ちが必要になってきます。

悔しがる前にちゃんと正しい努力をしたのか？

才能って言葉は本当に都合のいい言葉です。うまくいかない場合、才能のせいにすれば自分は傷つきません。「私には才能がないので、しょうがないですね、諦めます」。そして他人の才能も都合よく使えます。「あいつは走る才能が最初からあったんだよ」。他人の努力を受け止められない時にも使えます。そうしないと自分の努力の足りなさがそのまま跳ね返ってきてしまうからです。足りないのは才能ではなくて、強い気持ちではないでしょうか。少なくともフルマラソンの後半は。

誰だって35㎞過ぎでは苦しいんです。速いスピードを維持することに耐え切れず心肺も苦しく足の筋肉も悲鳴を上げる。そしてついに気持ちが折れて歩き出す。本当にキツい、苦しい状況の時に必要なものは才能ではなく、「もう無理だよ、もう速く走れない。もっとゆっくり走ろうよ」という悪魔の囁きに耐え続け、自分の可能性を強く強く信じることです。37㎞過ぎてからはずっと「我慢!! 我慢!! 我慢!!」と声に出してつぶやきながらカツをいれて走りました。近くのランナーさん、うるさくてすみませんでした。声に出して自分に言い聞かせないとすぐにでもポキッと心が折れるレベルで全身苦しかったのです。

ところがここで事件が起きます。38㎞過ぎ、大学構内に入ったあたりで段差に気づかず派手に「スッテーン!!」とヘッドスライディングのように転びました。自動車の速度抑制のために作られた段差ですが、補修されて段差はなだらかになったものの、その分わかりにくくなったようです。大会スタッフの方が時々口頭で注意喚起しているのは知っていましたが、ちょうどその声が途切れた時だったのかもしれません。何もインフォメーションされておらず、気づきませんでした。沿道の人たちから悲鳴が上がったのを覚えています。サングラスを掛けている選手はどうしても立体的に段差が見えにくいこともあると思います。朦朧としている選手もいると思うので、ゴール手前の段差には当日だけでも水性のカラースプレーなどで明るい色をつけてもらえるとありがたいと感じました。

思い起こされるのはＭＧＣ※の出場権がかかった２０１８大阪国際女子マラソンにおいての福士加代子選手の12㎞過ぎの転倒です。彼女は額と両膝から出血、そのダメージのせいか30㎞過ぎにリタイアしてしまいました。私の場合、彼女と違ったのはゴールまであと4㎞ほどだったということです。

何とか起き上がってよろよろと走り出しながら身体の状態をチェック。幸い足の骨折や捻挫はしなかったようなので何かしらの打撲のみで走れないほどの痛みはない。その時のタイムはキロ4分18秒。後でラップを確認したら7～8秒のタイムのマイナスでした。サングラスの右目の部分が横にラインが走っており、汗かと思いましたがよく見ると割れていました。とりあえずそこは気にせず前に足を向かわせました。２０１9箱根駅伝で大東大の選手が第1区の読売新聞社前のスタートから２００ｍで転倒、足を捻挫してずっと足を引きずりながらのレースになり大きなダメージを受けました。自分があああなっていたらと思うと本当に怖いです。たまたま私は斜めに倒れ込んで正面から顔や膝に衝撃を受けなかったので、ランニングへの直接的な影響はありませんでした。

それを証明するようにその後のラップは上がっています。ズッコケたせいで大量のアドレナリンが脳から放出されたのでしょうか。とにかくゾーンに入った感覚になりコースを

※MGC……マラソングランドチャンピオンシップの略。1位と2位の選手は2020年の東京オリンピックの代表に内定する。

駆け抜けます。ヴェイパーフライ4%の着地音もポ! ポ! ポ! ポ! と小気味よく鳴り響きます。40kmの通過が2時間44分30秒(35〜40kmのラップ21分06秒)。40kmの給水は飲まずに頭にブッカケました。シューズの中に水が入ってしまうのは避けたいですが、ひんやりして気つけ薬にはもってこいです。スタート時に上って下った陸橋を通過してもう坂道はおしまいです。緑の研究棟のコーナーの先にもう1回コーナーがあって最後の左カーブが見えてきました。最後の陸上トラックに入ってからはもう短距離走のようなラストスパートで駆け抜けました。ゴールの時に電光掲示板を見ると2時間53分。自己ベスト更新です。4年連続のサブスリー、そしてエイジシュートも達成です。最後の2・195kmは9分を切っており、最後の1kmは3分59秒で駆け抜けていました。第38回つくばマラソン。本当に疲れて、やはりキツかったけれど、去年より距離も時間も短く感じました。

救護室で大団円

ゴールしてから意外と転倒のダメージが大きいことに気がつきました。それはそうですよね、サングラスが割れてるくらいなんですから。よく見たら右肩、右肘、右手の甲、左指と血みどろ。痛々しい傷口を見て我に帰ると痛みも襲ってきました。こんなに血みどろになっても痛み一つ感じずにゴールしたことに自分でドン引きです。本当に集中していた

スプリット	1km平均タイム
Start ～ 5km	4:03.2
5 ～ 10km	4:01.8
10 ～ 15km	4:00:0
15 ～ 20km	4:03.6
20 ～ 25km	4:06.6
25 ～ 30km	4:09.0
30 ～ 35km	4:16.6
35 ～ 40km	4:13.2
40 ～ Finish	4:01.9

第38回つくばマラソン
5kmごとの1km平均タイム

のでしょう。記録証にも血がつくほどだったので、あわてて救護室で消毒薬で拭いてもらい絆創膏テープを貼ってもらいました。

救護室から出ると練習仲間がたくさんいてお互いに讃え合いました。着替えてから去年の経験から研究学園都市駅までバスは渋滞で立っているのも辛かったのでつくば駅まで歩きました。その方が始発駅なのでつくばエクスプレスも座れる確率が高いのです。しかし行きはテンションも高くアップしがてらの小走りで短く感じたけれど、フルマラソン後に歩くとめっちゃ遠いという誤算がありました。棒のような足でトボトボ歩いて30分。これだったら皆でタクシーに乗ればよかったと後悔しました。ようやく駅に着いて近くの居酒屋に。ランニング仲間と乾杯して、禁酒していたビールを飲み干しました。1か月ぶりに味わうお酒は旨かったです。何はともあれ無事に……ではなかったですが、目標も達成できたし万々歳。いい一日になりました。

1歳加齢しましたが、まだ伸びしろがあることを証明できました。とりあえず地道な練習を続けていけば記録はさらに伸び続けると信じます。私の限界はどこにあるのでしょう

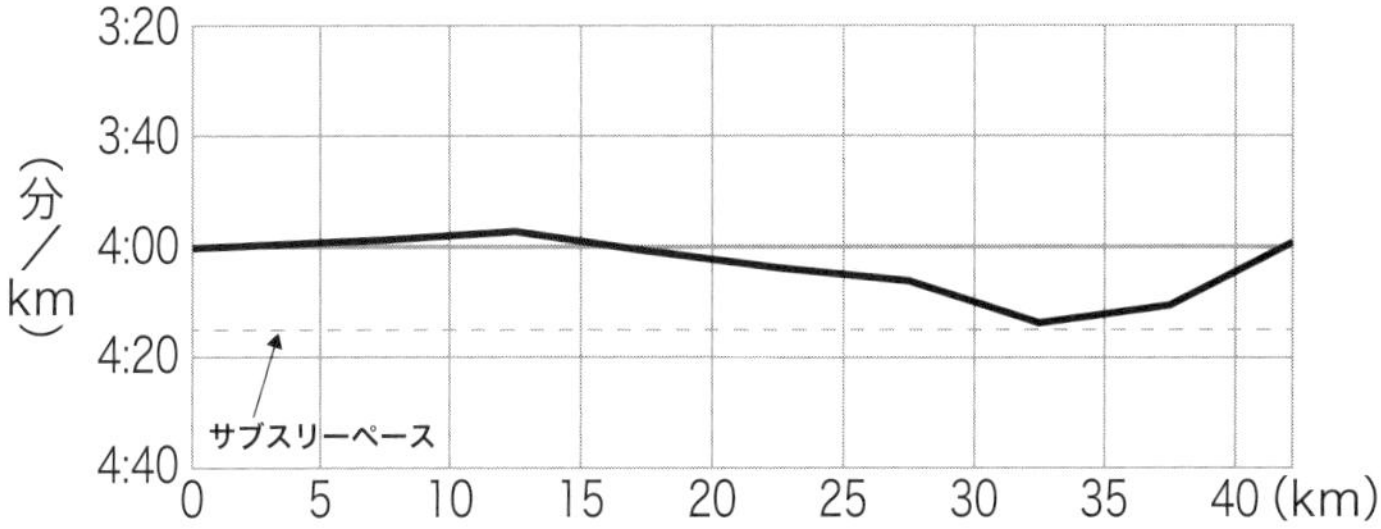

**第38回つくばマラソン
5kmごとの1km平均タイム**

か。

願わくば57歳は2時間50分切りを狙いたいところですが、そうは簡単には行かないでしょう。でも挑戦しない人生よりは挑戦する人生を私は選びます。やるっきゃ騎士《ナイト》（笑）！

■あとがき

『アルティメット フォアフット走法 56歳のサブスリー！ エイジシュートへの挑戦』、最後までお読みいただき有難うございました。なるべく偏狭的な視野にならないように心げけ私自身の体験、そして知りうる限りのバイオメカニクス研究と合わせてフォアフット走法の習得について余すところなくお伝えできたと思います。何はともあれ私も56歳。今更ながらランニングフォームの改造に着手して大ゴケして終わる可能性もあったわけですから、ちゃんと自己ベスト更新でオチもついて本当によかったです。それなくしては本としての説得力が違いますから。今まで4年連続してサブスリーを達成していますが、あっさり達成できたことは一度もなく、加齢に抗い、ずっとずっと辛い練習を乗り越えてきました。「なんでこんなに走ってるんだろうな……」。そう思った日も一日や二日ではありません。自分で言うのも何ですが努力の賜物だったと思います。ノロマな亀も自分を信じてコツコツと頑張れば神様も微笑んでくれます。

この本を書いている最中にナイキからヴェイパーフライ4%の後継として、ズームXヴェイパーフライNEXT%のプレスリリースがあり、日本でも2019年7月から発売が開始されました。驚いたことにNEXT%はさらに厚底なシューズへと進化しました。多

ナイキ ズームヴェイパーフライ NEXT%

くのエリート選手の意見を元に、研究機関ナイキスポーツリサーチラボによってヴェイパーフライ4%のさらなる改良に着手し、NEXT%は前足部は4㎜、踵部は1㎜厚くなり、それぞれ25㎜、33㎜になりました。ミッドソールに使われているナイキズームXフォームの量は約15%増えています。厚くなったためにもっとグニャグニャになったのかと思いきや、前足部の幅をひろげて、安定性は高まりました。2018年のドバイマラソン優勝のロザ・デレジェ選手も「前足部分のフォームが厚くなったので、ストライドの最後の瞬間のエネルギーリターンがより大きくなったように感じる」とコメントしています。またミッドソールの厚みが増したことでシューズの重量も増したかと思いきや、アッパー素材の見直しによりヴェイパーフライ4%とほぼ同じ重量に抑えられています。ヴェイパーウィーブと名づけられた新素材はナイロンをベースに水分の吸収が極めて少なく、雨天にも強くなり、アウトソールもトラクションパターンのデザインも一新され全天候に強いシューズへと進化しま

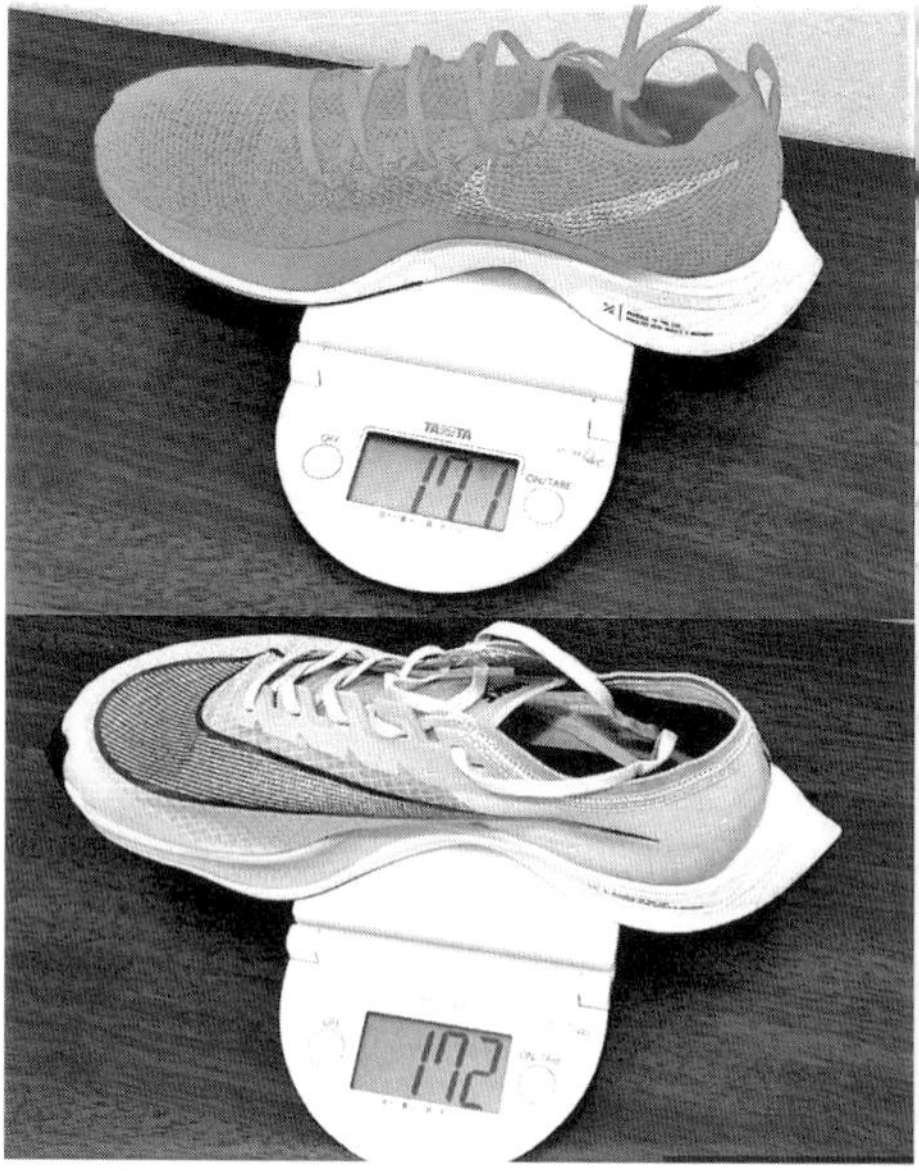

ヴェイパーフライ 4%（上）と NEXT%（下）

ほぼ同じ重量(サイズ25.5)だがミッドソールはかなり厚くなった

した。アッパーソールは履いてみると爪で傷つけたら破れてしまうのではないかと心配になるくらい本当に薄さを感じます。

　私としては以前のナイキのシューズ同様、アッパーソールに関してズームフライもヴェイパーフライ４％も不満がありました。フライニットだとかなり靴ひもをキツく締めても踵はスポッと脱げそうなゆるい感覚があります。カーボンプレートが入っているために靴底がさほど曲がらず、足裏の動きに追従ができていないため踵が浮き気味になるのです。そして多くのランニングシューズには装備されているヒールカウンターがなく、踵部分の納まりが悪いために、前足部分がシューズの中で暴れがちでインソールもよくズレます。以前のフライメッシュもつま先部分の高さが狭すぎて動かしにくく、爪の部分も痛くなりがちでした。しかしＮＥＸＴ％ではそこが大きく改善されています。一目見て違いを感じるのは紐を結ぶベロ部分が斜めになっていることでしょう。モハメド・ファラー選手のリクエストだそうです。これについては大迫傑選手も「シューレースのフィット感がよくなった」とコメントしています。しっかりとしたヒールカウンターも作られて踵を確実にホールドしてくれる形状になっています。走り出すとかなり小指球から母指球へのガイダンスラインを感じます。これはあまり4％にはなかった感覚です。この機能で着地感覚がよくなかったランナーにも大きな恩恵が期待されます。反発もさらによくなり、足裏の重心移動も教えてくれる。ここまでシューズに甘えていいのかという気持ちもしますが、時代に合わせてモノは進化していくものですからね。この走りの感覚は4％どころではないと思います。確かにNEXT％です。

今やランニング界はナイキの厚底シューズ狂走曲で盛り上がっていますが、冷静に考えて3万円近くのランニングシューズは「買い」なのか？という話です。自己ベストを狙っての地方のマラソン遠征ではホテル代、渡航費な

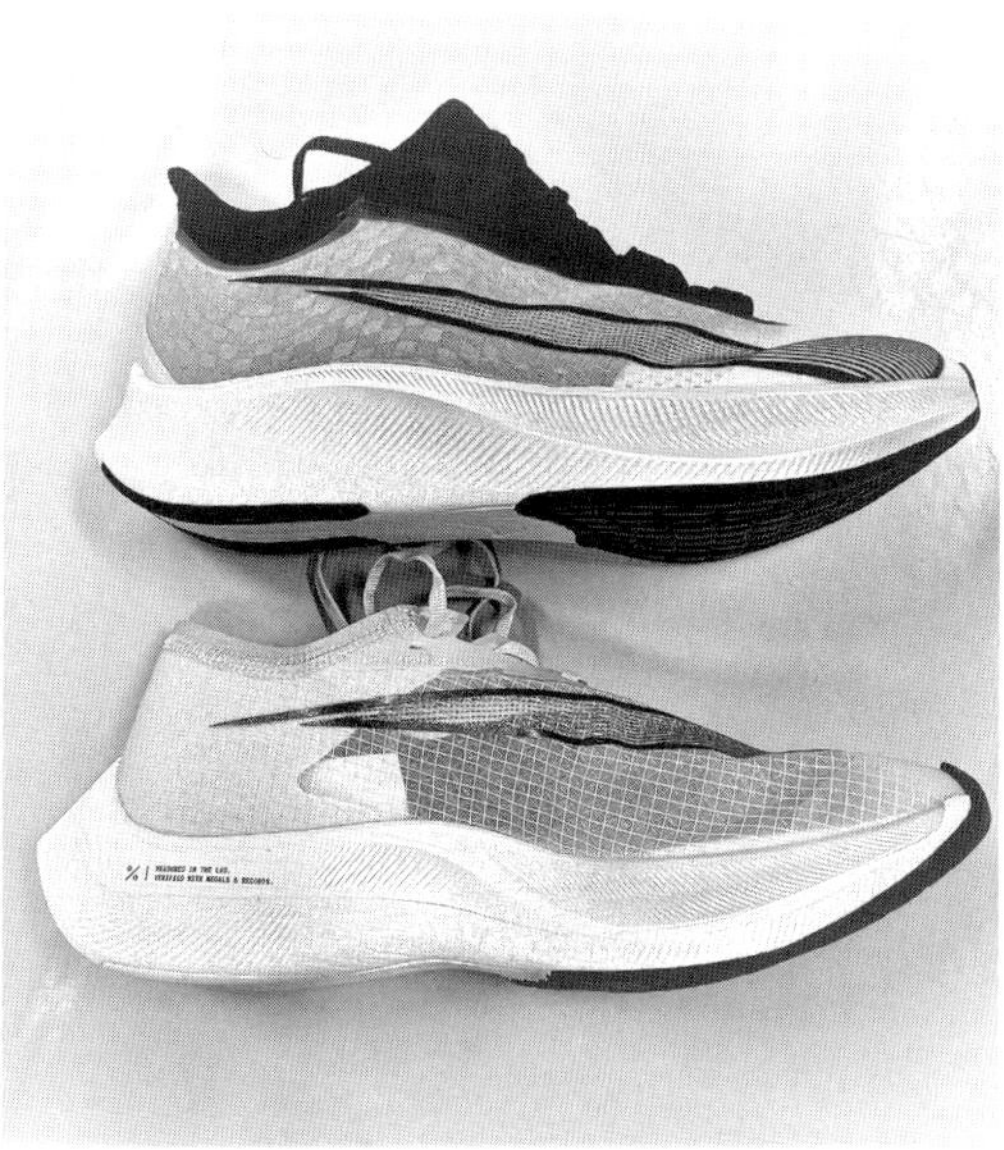

ズームフライ３（上）とNEXT%（下）

同サイズでもNEXT%がやや甲低で長い。重さはZF3が240g（サイズ25.5）と重い印象

ど考えればヴェイパーフライ4％の1足分くらいのアシは簡単に出ますよね。さらに本来メーカーの職人さんがプロ選手のために手作りでワンメイクシューズを供給するのが主流だったことを考えると、同じものが3万円以下で買えると考えると安いという気すらします。そして発売当初騒がれた「バネを仕込んだドーピングシューズで規定に反する」という国際陸連の裁定も結局ありませんでした。考えてみれば当たり前。そもそもカーボンプレートはジャンプ系競技や短距離走のスパイクには以前から使用されているものです。バスケットボールやアメフトのシューズにもよく使用されています。軽量なクッション材も珍しいものでも何でもありません。素材自体は今まで使用されていたものなのです。重要なのは組み合わせの妙。発泡ゴムのみだと単なるグニャグニャなミッドソールですが、そこにフルレングスでスプーン状に湾曲したカーボンプレートを間に入れて剛性を確保するという手法を長距離走シューズに取り入れたナイキの斬新なアイデアにはあっぱれというしかないでしょう。

そして160㎞しか持たないといわれたヴェイパーフライ4％の耐久性も、様々なランナーの経験談では勝負レースを終えた後も400〜500㎞は練習ではじゅうぶんパフォーマンスが発揮できることがわかってきました。アウトソールの一部は大きく欠損しますが、カーボンプレートが割れて履けなくなったという報告はありません。厚底だけに走行には何ら支障が出ないといわれています。薄底のレーシングシューズで耐久性は１５０㎞程度といわれるものもあるので、むしろ使い方によってはヴェイパーフライ４％は長持ちするのかもしれません。そして新型のヴェイパーフライＮＥＸＴ％は３２０〜４００㎞はエネルギーコストも落ちないという公式のアナウンスですので反発やクッションなど耐久性も安心して楽しめるようです。

最後になりましたが私自身、フルマラソンにおけるエイジシュートは56歳最大の目標だったので本当に嬉しかったです。みなさんもサブスリーを達成したら是非挑戦してみてください。エイジシュートを目標としたのはきっかけがありました。60歳を過ぎてからもサブスリーを狙うランナーが私の周りには多くいるのですが、そのひたむきな姿勢には本当に刺激をもらっています。その中の一人からこう言われたのです。「まだ50代でしょ？　サブスリーなんて我々と同じ目標でどうすんの。エイジシュートだろ」。そういう意味で若い人は同じサブスリー達成レベルで満足していては駄目だと思うのです。本書が自己ベストを更新しようと日々頑張っている競技者ランナーの皆さんの練習の一助になれば幸いです。有難うございました。

みやすのんき

２０１９年８月13日

著者：みやすのんき

1962年生まれ。東京都出身。『やるっきゃ騎士』（集英社／月刊少年ジャンプ）にてデビュー。代表作に『冒険してもいい頃』（小学館／週刊ビッグコミックスピリッツ）、『桃香クリニックへようこそ』、『厄災仔寵』（共に集英社／週刊ヤングジャンプ）、『うわさのBOY』（集英社／週刊少年ジャンプ）など。

近年はランニング、ウォーキングなどスポーツや健康関連の実用書も出版。趣味は古墳、遺跡、神社仏閣巡り、食べ歩き。

フルマラソンの自己ベスト記録は2時間53分。

装丁／秋庭崇（Banana Grove Studio）
DTP／Lush!
編集／磯部祥行（実業之日本社）

アルテイメット フォアフット走法《そうほう》
56歳《さい》のサブスリー! エイジシュートへの挑戦《ちょうせん》

2019年9月15日　初版第1刷発行

著　者 …………… みやすのんき
発行者 …………… 岩野裕一
発行所 …………… 株式会社実業之日本社
〒107-0062　東京都港区南青山5-4-30
CoSTUME NATIONAL Aoyama Complex 2F
電話【編集部】03-6809-0452
【販売部】03-6809-0495
http://www.j-n.co.jp/
印刷・製本 ……… 大日本印刷株式会社

ISBN 978-4-408-33871-2（第一趣味）